Stefan Westhoff – Das Kriegsende in Paderborn

Stefan Westhoff

Das Kriegsende in Paderborn

Abbildung auf dem Umschlag:

Fotomontage, Luftbilder von Paderborn vom 19.März 1945
erstellt von Lena Westhoff
Fotos von der Keele University (UK)

ISBN 978-3-83705-587-0

© 2008 by Stefan Westhoff
Satz und Layout: Stefan Westhoff
Lektorat: Hildegard Drüke-Ernst
Herstellung und Verlag: Books on Demand GmbH, Norderstedt

Inhaltsverzeichnis

Einleitung..7

Technische und taktische Hintergründe des Bombenkrieges.........11

    Bombenangriffe...11

    Die Bomben..14

    Hochtechnologie bei der Schlacht am Himmel.....................17

Die Bevölkerung im Bombenkrieg..21

    Der Luftschutz..23

    Die Flugabwehr..26

    Der Fliegerhorst Mönkeloh..29

Die Ereignisse der Kriegsendphase...31

    Der März 1945...31

    Donnerstag, der 22. März...32

    Freitag, der 23. März..36

    Samstag, der 24. März..38

    Sonntag, der 25. März..39

    Montag, der 26. März...40

    Dienstag, der 27. März...45

    Mittwoch, der 28. März..57

    Gründonnerstag, der 29. März..58

    Karfreitag, der 30. März...60

    Karsamstag, der 31. März...62

    Massaker von Paderborn?...63

        Augenzeugenberichte...64

        Das Massaker von Malmedy...65

        Das „vagabundierende Strafbataillon".............................67

        Der Soldatenfriedhof Böddeken.......................................67

        Die „Legende vom Massaker"...69

    Ostersonntag, der 1. April..70

Schluss...75

Verzeichnis der benutzten Literatur und sonstiger Hilfsmittel........................77

    Quellen..77

    Literatur...77

    Internetseiten..81

Einleitung

Über den Bombenkrieg wurde seit dem Ende des Zweiten Weltkrieges viel veröffentlicht. Viele Zahlen und Statistiken wurden abgedruckt und Zeitzeugen befragt. Ein Tabuthema war der Bombenkrieg in Deutschland noch nie.[1] Doch nach der Veröffentlichung von Jörg Friedrichs Buch „Der Brand" schien es so, als ob der Bombenkrieg bislang vernachlässigt worden sei. Die öffentliche Debatte,[2] die sich 2003 anschloss, war geprägt durch eine neue Perspektive auf den Bombenkrieg, in der die Deutschen Opfer waren. Es ging dabei nicht um eine Relativierung der deutschen Verbrechen während des Krieges, sondern um eine neue Sicht auf den Krieg. Angeregt durch diese öffentliche Diskussion und nach zwei persönlichen Gesprächen mit Herrn Friedrich habe ich versucht, die Wirkung des Bombenkrieges in Paderborn zu erforschen. Paderborn wurde zwar den gesamten Krieg hindurch bombardiert, die finale Zerstörung geschah jedoch erst wenige Tage vor der Eroberung der Stadt.

Die Arbeit steht in einer Reihe von Bearbeitungen des Bombenkrieges in Paderborn, doch die Erforschung der Hintergründe der Luftangriffe und die Beziehung derselben zur Eroberung der Stadt sind bisher nicht hinreichend behandelt. Bislang wurde versucht, die Luftangriffe als ein Phänomen und die sich anschließenden Kämpfe vor und in Paderborn als ein zweites, davon völlig unabhängiges Thema zu betrachten.

Die wissenschaftliche Grundlage der vorliegenden Arbeit besteht aus narrativen Interviews mit Zeitzeugen, sowohl Zivilisten als auch einem ehemaligen Angehörigen der Wehrmacht, aus einer umfangreichen Literaturbearbeitung von sowohl deutschsprachiger als auch englischsprachiger Primär- und Sekundärliteratur und nicht zuletzt aus deutschen, englischen und amerikanischen Quellen.

Die letzten Luftangriffe auf Paderborn wurden ausschließlich von der englischen Luftwaffe geflogen. Diese Angriffsserie begann am 22. März 1945 und dauerte sechs Tage. Die Serie war gekennzeichnet durch Aufklärungsflüge und den Abwurf von vereinzelten Bomben und wurde dann durch den

---

[1] „Paderborn ist eine tote Stadt – Vor 35 Jahren: Aus dem Tagebuch von Erzbischof Lorenz Jaeger", in: Westfälisches Volksblatt, Nr. 73, 26.03.1980; „Schneidender Knall, dann kam der Tod über die Stadt", in: Westfälisches Volksblatt, Nr. 73, 27.03.1985; „Erinnern und Gedenken – Die Zerstörung der Stadt vor 60 Jahren", Stadtrundgang und Gedenkveranstaltungen der Stadt Paderborn zum 60. Jahrestag der Zerstörung Paderborns, 2005.

[2] „Als Feuer vom Himmel fiel – Der Bombenkrieg gegen die Deutschen", in: Spiegel Special, Nr. 1/2003; „Verbrechen gegen die Deutschen? – ‚Tabu-Thema' Bombenkrieg", in: Geo, Nr. 2, Februar 2003; „Kriegsende 1945 – Das Finale des Weltenbrandes", in: GeoEpoche, Nr. 17, März 2005.

Angriff vom 27. März beendet. An diese Luftoperation schließt sich nahtlos die Vorbereitung auf die Eroberung der Stadt an. Die Besetzung Paderborns durch die Amerikaner am 1. April 1945 soll daher den Schlusspunkt der Arbeit darstellen. Während der Kämpfe südlich von Paderborn kam ein amerikanischer General zu Tode, und es soll ein „Massaker" an deutschen Kriegsgefangenen stattgefunden haben. Diese beiden wichtigen Ereignisse sind zu Legenden geworden, deren historischer Gehalt nicht ohne Weiteres zu entdecken ist. Im zweiten Teil der Arbeit möchte ich daher versuchen, diese Legende vom „Massaker bei Paderborn" zu dekonstruieren und kritisch zu hinterfragen.

Der Historiker Waldemar Becker aus Bad Driburg war bei der Bearbeitung dieses Themengebietes eine besondere Hilfe, da er zum einen selbst Soldat im Zweiten Weltkrieg war und zum anderen ein großes Privatarchiv mit vielen Luftbildern von Paderborn besitzt. Für seine eigenen Publikationen hat er auch sehr viel englische und amerikanische Literatur durchgesehen und konnte daher auf diesem Feld weiterhelfen. Des Weiteren besitzt er Kopien der geheimen Tagesberichte der Wehrmachtsführung und der After Action Reports der 3. US-Panzerdivision und stellte mir diese zur Verfügung. Diese beiden Quellen ermöglichten erst eine differenzierte Analyse der Bombenangriffe bzw. der Eroberung der Stadt Paderborn.

Gerhard Sander und Fritz Koch vom Heimatverein Paderborn e. V. konnten viel über die Gedenksteine im Haxtergrund und den Hintergrund ihrer Aufstellung berichten. Diese beiden Steine sollen an das „Massaker von Paderborn" erinnern.

Im Stadtarchiv Paderborn tauchte mit dem Nachlass Esser[3] ein bislang wenig beachteter Aspekt des Paderborner Luftschutzes auf. Unter anderem befand sich der erste Lagebericht des Feuerwehrkommandos vom 27. März 1945 unter den Archivalien. Der Leiter des Archivs, Rolf-Dietrich Müller, machte mich dankenswerterweise auf diese interessante Quelle aufmerksam.

Frank Salomon vom Volksbund Deutsche Kriegsgräberfürsorge e. V. stellte mir bei einem Besuch der Bundesstelle in Kassel alle Unterlagen über Umbettung von gefallenen Soldaten aus dem Raum Paderborn nach Böddeken zur Verfügung. Unter diesen Unterlagen befinden sich auch zahlreiche Skelettbilder. Mit Hilfe dieser kann in einigen Fällen auf die Todesursache geschlossen werden.

Frank Träger von der Kreisverwaltung Paderborn unterstützte diese Arbeit mit der Namensliste der beerdigten Soldaten auf dem Friedhof Böddeken. Diese Liste zusammen mit den gesammelten Informationen des Volksbundes

---

[3] Stadtarchiv Paderborn (StadtA PB): Nachlass Esser, Luftschutz Paderborn (S 1/48/1).

Deutsche Kriegsgräberfürsorge e. V. lieferte entscheidende Erkenntnisse über die Opferzahlen der letzten Kämpfe um Paderborn.

Der Ablauf des Bombenkrieges insgesamt, aber auch der Ablauf eines Bombenangriffes ist mit mehr als 60 Jahren Abstand zum Zweiten Weltkrieg nur noch schwer nachzuvollziehen. Im ersten Teil der Arbeit soll daher der Versuch unternommen werden, die technischen und taktischen Hintergründe dieses militärischen Vorgehens zu untersuchen. Anschließend möchte ich auf der Grundlage der Technik des Bombenkrieges die Angriffe auf Paderborn untersuchen. Abschließend werde ich dann die Eroberung der Stadt vor dem Hintergrund der Luftangriffe analysieren und dabei die Frage nach Zusammenhängen zwischen diesen beiden Aspekten klären.

Abbildung 1: (auf der folgenden Seite) 10 Gebote über die behelfsmäßige Herrichtung von LutschutzräumenFoto: Jost Wedekin

10 Gebote über die behelfsmäßige Herrichtung von Luftschutzräumen

1 Notwendigkeit der Luftschutzräume.

Zum Schutz gegen die Wirkungen von Luftangriffen müssen für alle Volksgenossen in nächster Nähe der Wohnungen und Arbeitsstätten Luftschutzräume geschaffen werden. Die Luftschutzräume sind so schnell wie möglich herzurichten.

2 Wer muß bei der Herrichtung der Luftschutzräume mithelfen?

Jeder Volksgenosse hat bei der Herrichtung des für ihn bestimmten Luftschutzraumes durch seine eigene Arbeitskraft, Bereitstellung von Baumitteln, Einrichtungsgegenständen, Geldspenden usw. nach seinen Kräften beizutragen.

3 Wie groß müssen die Luftschutzräume sein?

Die Luftschutzräume müssen so groß sein, daß die in dem Gebäude wohnenden oder arbeitenden Menschen vollzählig untergebracht werden können. Für jede Person ist ein Luftraum von 3 cbm vorzusehen.

4 Auswahl geeigneter Räume im Keller oder Erdgeschoß.

Luftschutzräume werden im Keller angelegt. Falls keine Kellerräume vorhanden sind, müssen die Luftschutzräume im Erdgeschoß, besonders in den Mittelfluren, hergerichtet werden. Erdgeschoßräume, die an den Außenwänden des Gebäudes liegen, sind weniger geeignet.
Luftschutzräume sollen möglichst wenig Fenster und Türen haben. Solche Räume sind zu vermeiden, in denen sich Gas-, Dampf- und Heißwasserleitungen befinden. Ungeeignet sind Räume, in denen Dampfkessel, Heizkessel usw. aufgestellt sind, oder in denen explosions- oder feuergefährliche Stoffe gelagert werden.

5 Gasschleuse.

Als Zugang wird zweckmäßig ein Raum vor den Luftschutzräumen als Gasschleuse ausgebildet. Die Gasschleuse ist ebenso wie der Luftschutzraum herzurichten.
Falls eine Gasschleuse nicht hergerichtet werden kann, ist ein Vorhang oder eine Decke an der Eingangstür zum Luftschutzraum anzubringen. Der Vorhang ist in etwa 1 m Abstand vor der Eingangstür so zu befestigen, daß er am Boden und beiderseits neben der Tür gut anliegt.

6 Notausgänge.

Die Luftschutzräume müssen außer dem Zugang entweder einen Notausgang durch anschließende Räume in das Freie oder Notausstiege durch ein Fenster haben.

7 Leerung der ausgewählten Räume.

Die ausgewählten Räume sind völlig zu entleeren. Nur Gegenstände, die zur Benutzung der Luftschutzräume verwendet werden können, z. B. Kisten als Sitzgelegenheiten, können im Raum belassen werden.

8 Herrichtung der Luftschutzräume

hat in folgender Reihenfolge zu geschehen:

a) Schutz gegen Bombensplitter:
Die Fensteröffnungen und die an den Außenwänden des Gebäudes liegenden Türöffnungen der Luftschutzräume und Gasschleusen müssen gegen das Durchschlagen von Sprengbombensplittern gesichert werden.

Dies kann durch
Anschütten und Feststampfen von Erde,
Kisten mit festgestampfter Erde,
Sandsackpackungen,
Steinpackungen,
Holzbalken
geschehen.
Diese Schutzvorrichtungen sind durch Befestigen mit Draht, Breiterwänden oder anderen Hilfsmitteln zu sichern.

b) Gasdichte Herrichtung:
Die Türen der Gasschleuse, die Notausgänge und Fenster, sowie sonstige Öffnungen sind gasdicht auszubilden.
Zu diesem Zweck sind alle Löcher, Ritzen, Schlüssellöcher usw. der Türen und Fenster zu verkitten oder zu verstopfen und mit Papier zu überkleben.
Die Glasscheiben von Fenstern und Türen sind mit Holz oder Pappe zu benageln und mit Papier zu überkleben.
Die Fugen zwischen Türen, Fenstern und ihren Anschlagflächen sind mit Papierstreifen zu überkleben.
Die Anschlagflächen der für das Betreten der Luftschutzräume bestimmten Türen sind mit Stoff-, Filz- oder Gummistreifen oder Streifen aus zusammengefaltetem Zeitungspapier zu benageln oder zu bekleben.
Alle sonstigen Öffnungen und Undichtigkeiten (Kamin- und Luftschachtöffnungen, Durchführungsstellen von Rohrleitungen durch das Mauerwerk, Undichtigkeiten im Mauerwerk) sind gleichfalls zu verstopfen und mit Papier zu überkleben.

c) Schutz gegen Bautrümmer:
Die Decken der Luftschutzräume und der Gasschleusen sind nach Möglichkeit mit Holz abzusteifen. Dabei sollen vor allem die in der Decke vorhandenen eisernen Träger, Deckenbalken, Unterzüge durch einen oder mehrere Stiele gestützt werden. Die Stiele werden auf je zwei breite Holzkeile gesetzt und mit den Holzkeilen gegen die Decke getrieben, bis sie festsitzen. Wenn genügend Bauholz vorhanden ist, können zwischen den Stielen und der Decke Holzbalken zur Lastverteilung angebracht werden. Diese Holzbalken sind dann mit den Stielen durch aufgenagelte Brettstücke oder eiserne Klammern zu verbinden.

9 Innere Einrichtung der Luftschutzräume.

Die Luftschutzräume müssen folgende Einrichtungen enthalten:

a) Für jeden Insassen muß eine Sitzgelegenheit vorhanden sein. Nach Möglichkeit sind auch Liegegelegenheiten und ein Tisch vorzusehen.

b) Die Luftschutzräume sind durch Taschenlampen zu beleuchten. Beleuchtung durch Petroleumlampen, Kerzen oder sonstiges offenes Licht ist verboten.

c) Trinkwasser, Lebensmittel, Verbandzeug usw. sind in ausreichender Menge beim Aufsuchen der Luftschutzräume mitzubringen.

d) Für etwa je 20 Insassen ist ein Notabort vorzusehen. Hierfür können Eimer bereitgestellt werden. Sand oder Erde ist zum Einschütten in die Eimer zur Vermeidung von Geruchsbelästigung bereit zu halten. Der Notabort ist gegen den übrigen Raum abzutrennen. Hierfür können Vorhänge, Tücher, Papptafeln verwendet werden.

e) Abdichtungsmittel, wie Papier, Pappe, Stoffstreifen, Isolierband, Kitt, Leim, Brettstücke usw. und Werkzeuge, wie Hammer, Beil, Zange, Brechstange, Nägel usw., müssen im Luftschutzraum zu Ausbesserungszwecken vorhanden sein.

10 Durchlüftung der Luftschutzräume.

Nach jeder Benutzung des Luftschutzraumes ist für eine schnelle Durchlüftung durch Öffnen der Türen oder Fenster zu sorgen.

Herausgegeben vom Präsidium des Reichsluftschutzbundes, Berlin W 35

Wilhelm Limpert, Berlin SW 68

Technische und taktische Hintergründe des Bombenkrieges

Bombenangriffe

Die Bombardierung einer Stadt im Zweiten Weltkrieg war eine militärische Operation wie jede andere auch. Hinter jedem Luftangriff auf eine Stadt stand eine übergeordnete Strategie.

Zu Beginn des Krieges wurden Städte durch kleinere Verbände bombardiert, die fast ausschließlich Sprengbomben verwendeten. Einzelne Brandbomben dienten nachts nur zur Markierung der Stadtmitte. In der Nacht vom 14. auf den 15. November 1940[4] griffen 400 deutsche Bomber die englische Stadt Coventry an. Die Luftwaffen-Kampfgruppe 100 markierte das Ziel mit dem Funkpeilgerät „X-Gerät". Anschließend warfen die deutschen Bomber 503 Tonnen Sprengbomben von unterschiedlicher Größe zwischen 50 und 500 Kilogramm und 30 000 Brandbomben ab.[5] Bei diesem Großangriff wurden 20 000 Häuser zerstört, über 600 Zivilisten getötet und mehrere Tausend verletzt.[6] Die Stadt Coventry versank nach diesem Angriff im Feuersturm, was zu der hohen Opferzahl und dem ungeheuren Schaden führte. Mit „Feuersturm" ist ein Effekt gemeint, der bei großen Bränden auftritt: Die warme Luft steigt auf und erzeugt im Zentrum des Brandes einen Sog. Aufgrund dieses Sogs wird am Boden nun Luft angesaugt. Der Sog kann sehr hohe Windgeschwindigkeiten erreichen und am Boden einem Orkan ähneln. Die brennende Stadt gleicht während des Feuersturms einem Ofen.

Die Engländer analysierten diesen deutschen Luftangriff sehr lange und versuchten die Ergebnisse in ihre eigene Strategie zu integrieren. Eines der Ergebnisse war: Eine Stadt kann man leichter abbrennen als wegsprengen. Daher wurden Feuerwehr-Experten mit in die Gremien geholt, in denen der Bombenkrieg gegen Deutschland geplant wurde, um die Effizienz der Bombardierung zu verbessern. Es wurde berechnet, wie viele Spreng- und Brandbomben man für jede einzelne Stadt in Deutschland brauchte, um sie abzubrennen. In England wurden Modellstädte aufgebaut, weggesprengt und abgebrannt, um so im Laufe der Zeit das maximale Vernichtungspotenzial der Bomben zu erreichen. Es wurde untersucht, welche Mischung benötigt würde, um einen mittelalterlichen Stadtkern zu zerstören, und wie viele

---

[4] vgl. Krause, Michael: Flucht vor dem Bombenkrieg, Düsseldorf, 1997, S. 22.
[5] Krause: Bombenkrieg, S. 25.
[6] Hastings, Max: Bomber Command, London, 1979, S. 94.

Sprengbomben man mehr benötigte, um die neueren Stadtrandbezirke optimal zu treffen.

Nachdem festgestellt worden war, dass einige Städte im Feuersturm verbrannten und andere Städte nicht, überlegte man, wie denn das Wetter sein musste, um den Wirkungsgrad zu maximieren. Ein anderes Problem stellte die deutsche Feuerwehr dar, denn in den Pausen zwischen den einzelnen Angriffswellen von Flugzeugen konnte teilweise verhindert werden, dass sich kleinere Brände zu größeren vereinten. Also mussten die Feuerwehrleute an ihren Löscheinsätzen gehindert werden. Zunächst einmal stellte man aus der Luft die Wasserzufuhr ab, indem man Sprengbomben benutzte, die sich erst in den Boden bohrten und dann nach 0,3 Sekunden[7] explodierten. So konnten die Wasserleitungen getroffen werden. Wenn man zusätzlich noch Sprengbomben mit längeren Verzögerungen benutzte, konnte man die Rettungsmannschaften und die Feuerwehr treffen, obwohl der Angriff bereits eine ganze Weile zurücklag.

Eine andere Möglichkeit bestand darin, die Anzahl der Brände stark zu erhöhen, indem man einen Bombenteppich abwarf, statt in einzelnen Wellen die Stadt zu treffen. Es gab sehr verschiedene Brandbomben. Die chemische Industrie arbeitete ständig an ihrer Verbesserung. Doch waren die Rohstoffe für Brandbomben nicht immer in beliebiger Menge verfügbar. Manche Bomben füllte man daher mit Benzin oder mit Phosphor oder mit Benzin und Gummi, eine Mischung, die dem späteren Napalm schon sehr nahekam. Es wurden alle brennbaren Flüssigkeiten und Feststoffe ausprobiert, die von selbst oder durch Entzündung brannten. Auf diesem Feld waren der Fantasie der Chemiker keine Grenzen gesetzt. Eine besondere Waffe, die man entwickelte, um die deutschen Felder und Wälder abzubrennen, war das Brandplättchen.[8]

> „[…] *im Juni 1940 waren von britischen Erprobungsstationen so genannte Pellets (Tabletten) entwickelt worden, mit deren Hilfe man die auf den Feldern stehende Ernte abbrennen und Waldbrände entfachen wollte. […] Die Zelluloid Plättchen von einem Millimeter Stärke waren meist von grauer oder schwarzer Farbe, wogen fünf Gramm und besaßen einen Umfang von fünfmal fünf Zentimetern. In der Mitte des 'Pellets' befand sich ein Loch von einem Zentimeter Durchmesser, das eine mit Phosphorlösung durchtränkte Gaze bedeckte, die ein Stück gelben Phosphors enthielt.*"[9]

---

[7] Diese Verzögerung reichte aus, um ein Haus zu durchschlagen. Der Zünder wird aktiviert, sobald er das Dach berührt, und die Bombe explodiert dann etwa im Erdgeschoss oder bei kleineren Häusern im Keller.
[8] Vgl. Groehler, Olaf: Bombenkrieg gegen Deutschland, Berlin, 1990, S. 330f.
[9] Ebd., S. 330.

Bei Versuchen in England wurden viele Tausend Plättchen auf staubtrockene Felder geworfen, und dann brannten diese ab. Im Kriegseinsatz jedoch brannten die Plättchen nicht lange genug, um ein Feuer zu entfachen. Oft waren die Felder auch zu feucht für ihren Einsatz. Man erkannte diese Tatsache schließlich auch und stellte die Produktion wieder ein. Die Reste dieses Experimentes wurden über irgendeiner deutschen Stadt abgeladen,[10] getreu dem Zitat von Arthur Harris[11]: *„Es ist besser, irgendwas in Deutschland zu bombardieren, als gar nichts zu bombardieren."*[12] Mit diesem gescheiterten englischen Experiment jedoch wurde die „Umweltkriegsführung" zu einem weiteren Mittel des modernen Krieges.

Am 14. Februar 1942 fasste das britische Kriegskabinett den Entschluss, deutsche Städte für zunächst sechs Monate intensiv zu bombardieren. Wenige Tage später, am 20. Februar 1942, wurde Arthur Harris neuer Chef des Bomber Commands. Mit ihm verbindet man heute eine Radikalisierung des Bombenkrieges, jedoch sollte man dabei bedenken, dass: *„nach den großen deutschen Angriffen auf englische Städte 1940/1941 [...] die Hemmung zur Umsetzung des ‚area bombing'* [Flächenbombardierung] *gering"* war.[13] Die Verschärfung der Luftangriffe gegen deutsche Städte wäre wohl auch ohne Harris eingetreten.

Die Entzündung von Feld und Flur war gescheitert, doch die Entzündung von Städten stand noch bevor. Die vielen Tausend Brandbomben brauchten dringend Brennstoff, sobald sie sich beim Aufschlag entzündeten, denn die Stabbrandbomben brannten nur wenige Minuten. Also deckte man mit Minenbomben die Dächer ab, und die Brandbomben fraßen sich dann vom Dachboden bis zum Keller durch. Diese Minenbomben hatten ein Gewicht zwischen zwei und zwölf Tonnen und wurden von den Deutschen dementsprechend entweder Boiler oder Litfaßsäule genannt. Später, als man bereits bombardierte Städte zum wiederholten Male angriff, änderte man auch die Mischung der Bomben in den Flugzeugen. Da Trümmer nicht brennen, reduzierte man die Menge an Brandbomben und griff wieder auf mehr und größere Sprengbomben zurück.

Seitdem die RAF im Frühjahr 1942 mit dem neuen Jagdbomber Mosquito ausgerüstet wurde, gingen die Engländer dazu über, auch Punktziele am Tag anzugreifen.[14] Am 24. September 1942 war diese Taktik bereits so weit entwickelt, dass die RAF mit vier Mosquito-Bombern das Gestapo-Hauptquartier in Oslo angriff. An diesem Tag fanden in dem Gebäude die

---

[10] Hastings: Bomber Command, S. 88.
[11] Arthur Harris war der Chef des Britischen Bomber Command. Vgl. Krause: Bombenkrieg, S. 27.
[12] Zitiert in: Hastings: Bomber Command, S. 339.
[13] Krause: Bombenkrieg, S. 27.
[14] Groehler: Bombenkrieg, S. 148f.

Feierlichkeiten anlässlich des zweiten Jahrestages der Machtergreifung der Faschisten in Norwegen statt. Der Angriff war erfolgreich, das Gestapo-Hauptquartier wurde getroffen. Schon zu diesem Zeitpunkt waren die Engländer in der Lage, einzelne Gebäude ganz gezielt zu bombardieren. Allerdings waren die Mosquito-Jagdbomber auch wendiger als zum Beispiel die schweren amerikanischen B-17-Bomber, die gegen Ende des Krieges jeden Tag nach Deutschland flogen.

Die Technik war zwar vorhanden, um einzelne Ziele zu treffen, doch die Strategie sah vor, in erster Linie die Städte, die doch die Arbeiter und ihre Fabriken beherbergten, zu treffen. Der weitaus größere Teil der einzelnen Luftwaffen war nur in der Lage, Flächenziele anzugreifen. Also musste sich die Prophezeiung selbst erfüllen: Da die Bomber nicht in der Lage waren, einzelne Häuser oder Stadtteile zu treffen, musste die Strategie die Städte als Ziel freigeben. Außerdem gab es keinen Grund, die Deutschen zu schonen, die ihrerseits vor der Bombardierung von Städten nicht zurückschreckten.

Die Bomben

Im Zweiten Weltkrieg griffen die Engländer auf die gleichen Bomben zurück wie schon im Ersten Weltkrieg.[15] 1939 hatte die englische Luftwaffe vier verschiedene Sorten Bomben in ihren Arsenalen gelagert: Es gab zunächst Mehrzweckbomben[16]. Diese Bomben hießen Mehrzweckbomben, da sie sowohl gegen gepanzerte Ziele als auch gegen Personen eingesetzt werden konnten. Ihr Sprengstoffanteil betrug etwa 27 bis 33 Prozent. Also ein Drittel Sprengstoff und zwei Drittel Stahl machten eine Mehrzweckbombe aus.[17] Der zunächst verwendete Sprengstoff hieß Amatol und bestand aus Trinitrotoluol [TNT] und Ammoniumnitrat. Im Verlauf des Krieges ersetzte man Amatol durch einen Sprengstoff mit dem Namen Amatex, eine Verbindung aus Amatol und einem neuen Sprengstoff namens R.D.X. Als dann Ammoniumnitrat knapp wurde, mischte man R.D.X. einfach nur mit TNT und fügte Aluminiumpulver hinzu. Durch den neuen Sprengstoff wurden die Bomben zerstörerischer, ohne dass ihr Gewicht erhöht werden musste. Eine 500-lb.-Bombe von 1939 ist also nicht zu vergleichen mit einer 500-lb.-Bombe aus den letzten Kriegswochen.

Ein weiterer Typ war die teilpanzerbrechende Bombe mit einem Gewicht von 250 und 500 lb. Bei diesen Bomben betrug das Verhältnis von Sprengstoff zu Stahl weniger als ein Drittel. Es gab auch eine reine

---

[15] Ebd., S. 48.
[16] = (engl.) General Purpose (Abk.: G.P.) Bomb mit einem Gewicht zwischen 40 und 500 lb. [1 (lb.) englisches Pfund = 0,45 Kilogramm].
[17] Groehler: Bombenkrieg, S. 48.

panzerbrechende Bombe mit einem Gewicht von 2000 lb. und einem ebenfalls sehr niedrigen TNT-Anteil. Der vierte Bombentyp war ein reiner Antipersonentyp. Mit einem Gewicht von nur 20 lb. konnte ein Bomber sehr viele Bomben von diesem Typ laden und so eine große Streuwirkung erzielen, indem sie auf einmal abgeworfen wurden.

Die Amerikaner besaßen fünf Typen von Mehrzweckbomben: die AN-M30 (GP) 100 lb., AN-M57 (GP) 250 lb., AN-M64 (GP) 500 lb. sowie die AN-M65 (GP) 1000 lb. und die AN-M66 (GP) 2000 lb. Die einzige Luftmine, über die die US Air Force verfügte, war eine 4000-lb.-Mine mit der Bezeichnung AN-M56 (light case) mit einem Sprengstoffanteil von über 80 Prozent. Auch eine panzerbrechende Bombe war in den amerikanischen Arsenalen zu finden, und zwar die AN-Mk 1, eine 1600 lb. schwere Bombe mit „nur" 215 lb. Sprengstoff.[18] Das 2005 erschienene Buch „Der Tag, an dem Paderborn unterging" von Hans-Jörg Kühne[19] enthält eine Beschreibung der im Krieg eingesetzten Bombentypen.

Nach einem Luftangriff ist es möglich, aus Blindgängern und aus Augenzeugenberichten zu rekonstruieren, welche Arten von Bomben abgeworfen wurden. Dieser Unterschied ist enorm wichtig, gibt er doch einen Hinweis auf das mögliche Ziel. Um eine Stadt zu zerstören, braucht man Luftminen und Brandbomben, da die Häuser sehr anfällig für den Luftdruck und die Brandbomben sind. Ist das Ziel hingegen ein Bahnhof und sollen die Gleise zerstört werden, dann nimmt man schwere Mehrzweckbomben, teilpanzerbrechende Bomben oder sogar panzerbrechende Bomben, um riesige Krater zu erzeugen, die die Gleise zerreißen. Auf Brandbomben kann dabei verzichtet werden, da die Werkhallen hauptsächlich Maschinen und Werkzeuge sowie Loks und Waggons enthalten. Und tatsächlich wurden am 17. Januar 1945 1110 Tonnen Sprengbomben und „nur" 48 Tonnen Brandbomben abgeworfen. Rein gewichtsmäßig war also jede 20. Bombe eine Brandbombe. Zum Vergleich: Beim letzten Angriff auf Paderborn am 27. März war gewichtsmäßig jede zweite Bombe eine Brandbombe.[20] Dieser Vergleich stimmt nur, wenn man die Tonnagen vergleicht und nicht die Stückzahlen, denn ein Lancaster-Bomber kann zwar 1320 Stabbrandbomben transportieren, aber an den gleichen Aufhängungen nur zwölf 500-lb.-Mehrzweckbomben.

Als die englischen Wissenschaftler bemerkten, dass Feuer und die Druckwelle in den deutschen Städten die stärkste Zerstörung anrichteten,

---

[18] Vgl. http://www.ww2guide.com/bombs.shtml – zuletzt besucht am 30.03.2005 um 16.20 Uhr.

[19] Kühne, Hans-Jörg: Der Tag an dem Paderborn unterging – 27. März 1945, Gudensberg-Gleichen, 2005, S. 18ff.

[20] Grundlage für diesen Vergleich: Reller, Bernhard: Neues Leben wächst aus den Ruinen, Paderborn, 1986, S. 66.

forderten sie die Wirtschaft auf, mehr und größere Spreng- und Brandbomben zu produzieren.[21]

Die zwei am häufigsten eingesetzten Brandbombentypen waren die Stabbrandbombe zu entweder zwei oder vier Pfund,[22] außerdem kamen noch eine 100-lb.-Bombe mit weißem Phosphor und eine 100-lb.-Bombe, die mit einer napalmähnlichen Substanz gefüllt war, zum Einsatz. Die Phosphorbomben wurden hauptsächlich während der letzten sechs Monate in Europa eingesetzt. Um die leichten Stabbrandbomben zielgenauer abwerfen zu können, wurden diese zu Bündeln zusammengefasst, die sich erst nach einer gewissen Zeit in der Luft öffneten. Mit dieser Abwurfmethode wurde die Abwurfdichte der Brandbomben stark erhöht.[23] Eine britische Lancaster konnte eine 4000-lb.-Luftmine und zwölf Stabbrandbombenbündel transportieren. Insgesamt sind das 1320 Stabbrandbomben pro Flugzeug.

Um eine gewaltige Druckwelle zu erzeugen, wurden Minenbomben geschaffen. Bei diesen Minen handelt es sich im Gegensatz zu Bomben um reine Sprengstoff-Behälter. Diese Art Munition ist nicht dazu konzipiert worden, um durch Splitter oder Brand zu töten. Vielmehr ist es Sinn und Zweck der Waffe, mit einer Druckwelle die Häuser zu beschädigen. Die Alliierten nannten diese Waffe „Blockbuster", also Wohnblock-Knacker. Die am häufigsten verwendete Größe war hier die 4000-Pfund-Mine, auch „Cookie" [Keks] genannt (entspricht ungefähr 1,8 Tonnen Gewicht, die sich im Verhältnis 30 zu 70 Prozent für die Mantelung und den darin enthaltenen Sprengstoff aufteilen).[24] Meistens gingen solche Minenabwürfe einer Bombardierung mit Brandbomben voran, damit diese nicht auf die Dächer, sondern in das Innere der Häuser fielen, wo sie Brennstoff fanden.[25]

Im Januar 1945 lag die Treffergenauigkeit der 8. US-Luftflotte so niedrig wie zuletzt Ende 1943.[26] Nur 29 Prozent der Bomben lagen in einem Radius von 1000 Fuß (305 Meter) um das Ziel herum. In einem Kreis von 2000 Fuß (610 Meter) lagen 59 Prozent der abgeworfenen Bomben. In etwa lässt sich die Trefferverteilung also dritteln: ein Drittel innerhalb von 300 Metern, ein Drittel 300 bis 600 Meter, und das letzte Drittel schlug mehr als einen halben Kilometer vom Ziel entfernt auf.

---

[21] Aders, Gebhard: Bombenkrieg, Bergisch Gladbach, 2004, S. 25.
[22] Vgl. http://www.ww2guide.com/bombs.shtml – zuletzt besucht am 30.03.2005 um 16.20 Uhr: Typenbezeichnungen: M50 für die 4-lb.-Magnesium-Stabbrandbombe und M52 für die 2-lb.-Version.
[23] Vgl. http://www.ww2guide.com/bombs.shtml – zuletzt besucht am 30.03.2005 um 16.20 Uhr: Diese Bündel hatten eine extra Bezeichnung: 110 Stück der Brandbombe M50 (4 lb.) wurden zu einem Bündel mit der Bezeichnung M17- Cluster zusammengefasst.
[24] Friedrich, Jörg: Der Brand – Deutschland im Bombenkrieg 1940-1945, München, 2002, S. 22.
[25] Ebd., S. 27.
[26] Vgl. http://www.ww2guide.com/bombs.shtml – zuletzt besucht am 30.03.2005 um 16.20 Uhr.

Hochtechnologie bei der Schlacht am Himmel

Bevor die Bomber ihre Bomben auf eine Stadt werfen konnten, mussten sie diese erst einmal finden. Die Engländer griffen fast ausschließlich nachts an, was den Vorteil hatte, dass die angreifenden Bomber von der deutschen Flugabwehr schlechter gesehen wurden. Andererseits sahen die Bombenschützen aber auch die deutschen Städte schlechter, die ja alle verdunkelt waren. Bereits ein Jahr vor dem Krieg begann man auf den Britischen Inseln mit „Todesstrahlen" zu experimentieren, um angreifende Flugzeuge zu bekämpfen. Die englischen Techniker fanden schnell heraus, dass die „Todesstrahlen" wirkungslos gegen die Flugzeuge waren, da sie reflektiert wurden. Anhand dieser Beobachtung wurde damals das Radar-Gerät entwickelt. Es hatte einen sehr großen Anteil am Sieg Englands in der Luftschlacht um England.

Auf der Grundlage dieser neuen Technologie bauten die Engländer später auch ein Funkstrahlsystem auf, mit dessen Hilfe die englischen Bomber nach Deutschland geleitet werden konnten. Eines dieser Systeme hieß „Oboe" und reichte aufgrund der Erdkrümmung lediglich bis Wuppertal. Der Pilot, der mit einem „Oboe"-Empfänger ausgestattet war, hörte Pieptöne, wenn er auf dem richtigen Kurs war, und einen Dauerton, wenn er über dem Ziel ankam. So konnte man die nächtlichen Anflüge verbessern.[27] Als dann die Deutschen auch über ein sogenanntes „Funkmess-System" verfügten, entwickelten die Engländer Aluminiumstreifen, die sie aus den Flugzeugen abwarfen, um die deutschen Funkmessgeräte zu stören.

Es gab nicht nur Bodenstationen für die neue Technik, es wurden teilweise auch Jagdflugzeuge der deutschen Luftwaffe mit Bordradar ausgestattet, und so konnten sie selbstständig in der Nacht auf die Jagd nach Bombern gehen. Die alliierten Bomber bekamen auch Bord-Boden-Radar-H2X-Geräte, mit deren Hilfe sie zwischen Land und Wasser am Boden unterscheiden konnten, um sich so in der Dunkelheit orientieren zu können. Für dieses Boden-Radar-System wurden von ganz Deutschland Karten erstellt,[28] damit die Navigatoren in den Bombern sich zurechtfanden. Städte, die an der Küste lagen, waren leichter zu treffen als Städte im Landesinneren. Eine gute Orientierung boten auch große Flüsse. Deren klar erkennbare Linien stellten teilweise sogar im Mondschein eine gute Orientierungshilfe dar.

Innerhalb des Luftkrieges fand ein technischer Wettlauf von unvorstellbaren Ausmaßen statt. Wenn die Briten oder Amerikaner mit einer technischen Neuerung vor allem im Bereich der Funknavigation oder der

---

[27] Vgl. Golücke, Friedhelm: Der Zusammenbruch Deutschlands eine Transportfrage?, Schernfeld, 1993, S. 79.
[28] Ebd., S. 247.

Radar-Technik auftauchten und die Deutschen eines der damit ausgerüsteten Flugzeuge erbeuteten, begannen sie sofort, ein passendes Abwehrgerät zu bauen. So wurden die deutschen Nachtjäger mit dem Naxos-Gerät[29] ausgerüstet, einem passiven System, das britische H2X-Systeme anzeigte, also das System, das die Briten in ihren Bombern einsetzten. Nachdem dann die deutschen Nachtjäger teilweise mit einem Bordradar ausgerüstet worden waren, begannen die Engländer mit dem Einbau des Monica-Systems, eines Radar-Systems, das die Besatzung vor Flugzeugen warnen sollte, die hinter den Bombern auftauchten. Als die deutschen Ingenieure das Monica-System zu sehen bekamen, wurden die Nachtjäger mit dem Flensburg-Gerät ausgerüstet, einem passiven Gerät, das das Monica-System erkannte und orten konnte. In dieser Art und Weise setzte sich das Katz-und-Maus-Spiel zwischen britischen Bombern und Geleitschutz sowie deutschen Tag- und Nachtjägern fort.

Nachdem die Engländer in den ersten Kriegsjahren viele Bomber und Besatzungen bei Tagangriffen verloren hatten, konzentrierten sie sich auf Nachtangriffe. Dadurch stieg die Überlebenschance der Flugzeugbesatzungen, aber die Treffergenauigkeit ging stark zurück. Da der Schwerpunkt dieser Arbeit auf den letzten elf Tagen der Stadt Paderborn liegt, soll hier der technische Entwicklungsstand im Jahr 1945 näher beschrieben werden. Die Engländer entwickelten im Herbst 1944 neue Markierungsverfahren.[30] Man benutzte zwei unterschiedliche Varianten: eines für klares Wetter mit Bodensicht und eines für Bewölkung über dem Zielgebiet. Die Schönwetter-Methode gab es in zwei Ausführungen: einmal als blinde und einmal als visuelle Markierung der Stadt bzw. des Ziels.

Bei der blinden Methode warfen zunächst einige Bomber rote Markierungen auf die Stadt. Sie orientierten sich dabei ausschließlich an ihren H2X-Radar-Geräten. Im zweiten Schritt warfen tief fliegende Aufklärer grüne Markierungen in die Nähe der roten Markierung, die am nächsten am Ziel lag. Die dann folgenden Bomberverbände orientierten sich an den roten und grünen Markierungsbomben, die am dichtesten zusammenlagen. Die hier genannten Farben der Markierungsbomben dienen lediglich der Anschauung. Tatsächlich variierte die Farbgebung von Einheit zu Einheit.

Die visuelle Methode kam nachts zum Einsatz, wenn das Ziel klar zu erkennen war. Bei dieser Methode warfen einige Bomber zunächst Leuchtbomben, die sogenannten „Christbäume", ab. Die folgenden Sichtmarkierer warfen nun die eigentlichen Markierungsbomben ab und die Bomber daraufhin ihre Bombenlast auf die Markierungsbomben. Von Zeit zu

---

[29] Vgl. Hastings: Bomber Command, S. 240.
[30] Gebhard: Bombenkrieg, S. 59.

18

Zeit wurde das Ziel von Nachmarkierern erneut markiert, da die ersten Markierungsbomben durch Bomben getroffen wurden oder wenn der leitende Offizier den Schwerpunkt des Angriffes verschieben wollte.

Besonders schwierig war es, eine Stadt zu treffen, die man gar nicht sehen konnte. Wenn der Angriff in der Nacht erfolgte und eine verdunkelte Stadt unter Wolken lag, dann war das ohne Technik nicht möglich. Mit dem Oboe-System und ab Oktober 1944 mit dem G-H-System konnte der Navigator seine Position über der Stadt auf 45 Meter genau bestimmen. Zusätzlich lieferte das H2X-Radar-Gerät Informationen über den Erdboden, über den der Navigator flog. Er konnte also bestimmen, wo die Bebauung der Stadt anfing und wo sie aufhörte. Diese beiden Punkte markierte er mit Leuchtbomben. Der Umriss der Stadt leuchtete so über den Wolken. Dann markierten andere Bomber die Stadtmitte mit farbigen Leuchtbomben. Die Bomber mussten also nur ihre Bomben innerhalb des Leuchtbombenrings abwerfen. Die Piloten sollten nicht schneller als 165 Meilen pro Stunde fliegen, und an den Bombenzielgeräten sollte die Windgeschwindigkeit auf Null gestellt werden.[31] Mit diesen Methoden erreichten die Briten eine Perfektion der Nachtangriffe, die zu Beginn des Krieges kaum vorstellbar gewesen war.

Abbildung 2: (auf der folgenden Seite) Luftschutz-Merkblatt für die Hausfeuerwehr
Foto: Jost Wedekin

---

[31] Vgl. Groehler: Bombenkrieg, S. 350ff.

Luftschutz-Merkblatt
für die Hausfeuerwehr

Für Luftschutz-Uebungen und für den Ernstfall.
Auf starke Pappe aufkleben und gut aufbewahren.

In jeder Luftschutzgemeinschaft sollen als Hausfeuerwehr drei oder mehr Personen eingesetzt werden.

Persönliche Ausrüstung:

Volksgasmaske, Luftschutzhelm, derbe Jacke und Hose, derbe Handschuhe, Koppel oder fester Gurt, Verband-päckchen, Päckchen, Hautentgiftungsmittel, elektrische Taschenlampe.

Aufgaben im Frieden:

Regt die Beschaffung des erforderlichen Feuerlöschgeräts und der Werkzeuge an (Einstellspritze, evtl. Gartenschlauch mit Anschlußstück für die Hausleitung, Feuerpatschen — je nach den örtlichen Verhältnissen mit verschieden langen Stielen —, Eimer, Wannen, Tonnen, Einreißhaken [auch Bootshaken], Axt, Beil, Laternen, Leine, Besen, Steh- oder Anstelleiter).

Aufgaben nach „Aufruf des zivilen Luftschutzes":

Verteilt die Löschgeräte und gefüllten Wasserbehälter im Treppenhaus auf die einzelnen Stockwerke, wobei das einmalig vorhandene Gerät auf dem Treppenabsatz des obersten Stockwerkes aufgestellt wird.

Sorgt besonders für die Räumung der Böden von allen brennbaren Gegenständen und für Offenbleiben der Bodenräume.

Legt persönliche Ausrüstung zum sofortigen Gebrauch bereit.

Aufgaben bei „Fliegeralarm":

Legt die persönliche Ausrüstung an. Gasmaske wird noch nicht aufgesetzt.

Prüft das Gerät und die Wasserbehälter.

Nimmt im unteren Teil des Treppenhauses oder im Schutzraum Deckung und überprüft von Zeit zu Zeit den zugewiesenen Grundstücksabschnitt.

Verhaltungsmaßregeln bei einer Brandbekämpfung:

Die Leitung der Brandbekämpfung hat der Luftschutzwart oder sein Stellvertreter. Auf dem Weg zum Brandherd Türen und Fenster für Abzug des Qualms öffnen.

Gasmaske erst beim Annähern an den Brandherd aufsetzen, sofort aber beim Verdacht von Kampfstoff-gefahr.

Auf Stichflammengefahr beim Öffnen von Türen achten.

Beim Heranarbeiten an den Brandherd Gesicht am Boden, weil dort bessere Luft ist.

Mit Wasser sparsam umgehen, stets den Kern des Brandes bekämpfen.

Für Wassernachschub sorgen.

Bei Wassermangel Sand, Erde verwenden.

Brandbekämpfung keinesfalls unterbrechen. An jedem Gebäudeabschnitt erneut Widerstand leisten.

Nach Brandnestern suchen.

Sind chemische Kampfstoffe festgestellt, baldmöglichst Meldung an Luftschutzwart.

Aufgaben nach der „Entwarnung":

Alle Schäden beseitigen.

Brandstelle aufräumen und durch Brandwache sichern.

Geräte wieder an Ort und Stelle bringen.

Material ergänzen (Wasser, Feuerpatsche usw.).

Alles sofort für einen neuen Angriff herrichten.

Herausgegeben vom Präsidium des Reichsluftschutzbundes, Berlin W 35.

Die Bevölkerung im Bombenkrieg

Am Boden stellte sich der Bombenkrieg für die Bevölkerung anders dar. Ganz Deutschland war in Luftgefahrenbereiche eingeteilt. In den Städten der Klasse 1 lagen wichtige Betriebe mit entsprechendem Luftschutz. Auch Bunker für die Zivilbevölkerung gehörten dazu. Paderborn war eine Stadt der zweiten Klasse.[32] Also gab es hier auch Luftschutz, aber keine Bunker für die Bevölkerung. Am Hauptbahnhof und am Ausbesserungswerk befanden sich Bunker für die Eisenbahner, die Zivilbevölkerung musste mit Luftschutzräumen vorliebnehmen.

In Deutschland existierte ein Luftwarndienst, der alle Luftwarnungen zusammenfasste und auf dieser Grundlage Luftalarm für eventuell betroffene Städte über eigene Rundfunksender auslöste. Da die Bomber aber auf dem Weg nach Kassel oder Dresden auch über Paderborn flogen, gab es hier ebenfalls Luftalarm. Die Bomber wollten den Luftwarndienst so lange wie möglich über das Ziel des Angriffes im Ungewissen lassen. Der Sender des Luftwarndienstes, der in Paderborn empfangen werden konnte, hieß Primadonna.[33] Es gab Karten, mit deren Hilfe es möglich war, die Warnungen, die der Sender nur als Planquadrate durchgab, zu verstehen. Paderborn lag im Planquadrat „Konrad Siegfried Zwo" [auf der Karte: KS-2]. Wenn im Radio von Bomberverbänden in Richtung „Konrad Siegfried Zwo" die Rede war, wurde in Paderborn „Voralarm" und dann „Vollalarm" gegeben. Wenn dann die Bomber über der Stadt waren, wurde „akute Luftgefahr" gegeben. Das schnelle und permanente Auf- und Abschwellen der Sirene bedeutete, dass ein Angriff unmittelbar bevorstand.

In Paderborn gab es für die Bevölkerung zum Beispiel einen Luftschutzraum im Keller des Franziskanerklosters und in der Brauerei an der Kilianstraße. Die meisten Menschen mussten bei Angriffen jedoch ihre eigenen Keller aufsuchen. Die Keller von Nachbarhäusern waren miteinander verbunden worden, um so einen zweiten Fluchtweg zu schaffen. Die Notausstiege waren mit Farbe auf der Hauswand markiert, damit jeder sehen konnte, dass dort ein „sicherer" Keller war. „Sicher" bedeutete, dass eine feste Tür eingebaut war, dass die Fenster zugemauert waren, um vor Splittern zu schützen, und dass die Decke mit zusätzlichen Holzbalken gestützt wurde. In

---

[32] Städtische Galerie Am Abdinghof Paderborn, Paderborn 1945 – Leben im Nationalsozialismus und im Krieg [Ausstellungskatalog], Paderborn, 1995², S. 126.
[33] Golücke: Transportfrage, S. 68.

diesen Kellern standen meistens auch Betten, denn die Nächte, in denen es Luftangriffe oder Luftalarm gab, wurden immer zahlreicher.[34]

Wenn es vor Mitternacht keine Entwarnung gegeben hatte, dann fing am nächsten Morgen die Schule später an. Die gesamte Bevölkerung begann das Leben nach den Luftangriffen und Alarmen neu zu ordnen. Als die Angriffe Anfang 1945 immer häufiger und schwerer wurden, flohen viele Menschen auf die Dörfer im Paderborner Umland. Es tauchten auch schon die ersten Flüchtlinge auf, die vor der sowjetischen Armee im Osten oder vor den Amerikanern und Briten im Westen geflohen waren.

Viele Paderborner dachten sich: *„Hier in Paderborn gibt es keine Industrie; wir sind eine schwarze und keine braune Stadt. Warum sollten wir bombardiert werden?"*[35] André Koppermann kommt in seinem Aufsatz über die Ursache der Luftangriffe auf Paderborn zu dem Schluss, dass Paderborn *„wahrscheinlicher aber im Rahmen der britischen Strategie der Zerschlagung der Moral der feindlichen (Zivil-)Bevölkerung"*[36] bombardiert worden sei. Das heißt, dass Paderborn kein militärisches oder industrielles Ziel war, sondern einfach ein Ziel, an dem man die Bevölkerung demoralisieren wollte. Dieser Diskurs über das „moral bombing" oder die „Terrorangriffe"[37], wie die deutsche Propaganda es nannte, reicht bis in die Zeit des Nationalsozialismus zurück. Das Ziel der alliierten Luftangriffe sei der Tod von Frauen, Kindern und Greisen gewesen. Diese Position wird zwar noch immer mündlich tradiert, doch die alliierten Quellen, wie zum Beispiel der Bericht von Sir Charles Webster und Noble Frankland über die Schäden, die die englische Luftwaffe in Deutschland anrichtete, zeigen ein differenzierendes Bild.[38] Die Amerikaner zielten mit ihren Tagangriffen nur selten ausdrücklich auf eine Stadt, wohingegen die Engländer mit ihren Nachtangriffen nur wenige andere Ziele als deutsche Städte hatten. Diese unterschiedliche Konzeption des Luftkrieges liegt in der Sache selbst. Da es nachts schwer ist, ein einzelnes Ziel zu treffen, müssen Städte bombardiert werden. Dass die deutsche

---

[34] Im Jahr 1940 wurde Paderborn siebenmal angegriffen. Im folgenden Jahr wurde lediglich der Flughafen einmal angegriffen. 1942 wurde im August der Bahnhof von einem englischen Bomber angegriffen. Im vierten Jahr der Luftangriffe wurde einmal der Güterbahnhof und einmal das Ausbesserungswerk bombardiert. 1944 wurde die Stadt neunmal angegriffen, und zwar sowohl der Flughafen als auch die Kasernen und die Kernstadt. 1945 waren es dann 18 Angriffe von englischen und amerikanischen Luftverbänden. Dazu kommen noch die vorsorglichen Warnungen, wenn zum Beispiel die Bomber andere Städte anflogen, aber dicht an Paderborn vorbeiflogen.

[35] Vgl. Koppermann, André: Welche Rolle spielte Paderborn im Bombenkrieg?, in: Locker, Marc, u. a. [Hg.]: Als die Bomben fielen, Köln, 1998, S. 87ff.

[36] Ebd., S. 87.

[37] „Erneuter Terrorangriff auf Paderborn", in: Westfälisches Volksblatt, Nr. 69, 24.03.1945.

[38] Webster, Sir Charles; Frankland, Noble: The Strategic Air Offensive against Germany 1939-1945, in: History of the Second World War – United Kingdom Military Series, Sir James Butler [Ed.], London, 1961.

22

Zivilbevölkerung insgesamt das eigentliche Ziel der Luftangriffe gewesen sein soll, ist jedoch nicht belegbar.

Im Jahr 1942 wurde im Vorwort zum Heimatkalender[39] in Paderborn *„die Verbundenheit zwischen Heimat und Front, zwischen Arbeit drinnen und Kampf draußen"* beschworen. Wenn diese Unterscheidung für viele Paderborner im Frühjahr 1942 noch galt, dann galt sie spätestens im Frühjahr 1945 nicht mehr. Front war nicht mehr nur da, wo die Truppen sich in den Schützengräben gegenüberlagen, sondern auch in allen Städten, die von den Bombern erreicht werden konnten. Die grausamen Erlebnisse der Soldaten an der Front wurden nun auch für die Frauen und Kinder in den Städten zum Alltag. Jeder konnte jeden Augenblick sterben. Diese Erkenntnis und das Bewusstsein, dieser Tatsache absolut hilflos gegenüberzustehen, führten zu einem Trauma für die Zivilisten, das sie noch heute zusammenzucken lässt, wenn Samstagmittag in Paderborn die Sirenen getestet werden.[40]

Der Luftschutz

Bevor im nächsten Kapitel von der Flugabwehr die Rede sein wird, sollen an dieser Stelle zunächst die Luftschutzmaßnahmen in Paderborn vorgestellt werden. Paderborn war zwar nur ein Luftschutzort zweiter Ordnung, dennoch wurde auch hier der Luftschutz sehr ernst genommen. Er diente dem Schutz der Bevölkerung, er sollte aber auch die Schäden eines möglichen Angriffes minimieren, indem er vorbeugend wirkte. Daher wurden für den Fall eines Luftangriffes in Paderborn Löschteiche und Zisternen verteilt angelegt, teilweise auch durch Zwangsarbeiter, wie zum Beispiel an der Warburger Straße. Des Weiteren waren das Schwimmbecken Rolandsbad und das Becken hinter dem Nordbahnhof als Löschteich vorgesehen, ebenso die Fischteiche am Thunerweg. Die Pader in der Innenstadt bildete eine natürliche Löschwasserversorgung. Zusätzlich wurde eine Brücke über die Pader errichtet um so einen zweiten Fluchtweg zu schaffen. Um nach einem Angriff die Rettungsarbeiten zu beschleunigen, wurden an den Ausfallstraßen Lotsenstellen eingerichtet. Die hier eingesetzten Luftschutzlotsen sollten den Rettungskräften, die von außerhalb kamen, als erste Anlaufstelle dienen.[41]

---

[39] Im Besitz des Verfassers.
[40] Interview mit Paul und Thea Westhoff, Eleonore und Luzia Knebel, wohnhaft in Paderborn, am 23.05.2003. Sie erlebten die Bombenangriffe auf Paderborn teilweise in der Giersstraße, teilweise in der Wigbertstraße, aber auch im Keller der Brauerei an der Kilianstraße.
[41] StadtA PB: (S 1/48/1).

Abbildung 3: Bau einer Behelfsbrücke von der Warmen Pader zur Wasserkunst als Fluchtweg, November 1944; durch die sog. "Technische Nothilfe"
Foto: Stadtarchiv Paderborn/Voß

Die örtliche Luftschutzleitung hatte ihre Dienststelle in der Grube. Für die Eisenbahnanlagen gab es eine eigene Eisenbahnluftschutzleitung, die an der Bahnhofstraße untergebracht war. Das Warnkommando befand sich in der Blindenanstalt. Von hier aus wurde vor Luftangriffen gewarnt und entwarnt. In der Entgiftungsstelle an der Bleichstraße sollten Personen, die mit chemischen Kampfstoffen in Kontakt gekommen waren, entgiftet werden.

Doch der Luftschutz war nicht allein eine Sache des Staates. Auch von kirchlicher Seite wurde viel getan, um Kulturgüter zu schützen. Für Paderborn ist hier besonders der Dom zu nennen. Wilhelm Tack geht in seinem Buch „Paderborn – Die alte Stadt" ausführlich auf das Thema „Vernichtetes Kunstgut" ein.[42] Der Dachstuhl des Paderborner Domes stammte aus dem Jahr 1615. Die schweren Eichenbalken wurden mit einem „besonderen Anstrich gegen Feuer imprägniert"[43]. Es wurden auch überall Sandtüten und Wasserkübel aufgestellt. Im Dachstuhl wurden die Laufbretter verbreitert und mit einem festen Geländer versehen, damit man jeden Brandherd schnell erreichen konnte. Die Türen zum Gewölbe wurden abgedichtet und eine spezielle Motorspritze gekauft, die sehr viel Wasser bis auf den Domturm spritzen konnte.

---

[42] Tack, Wilhelm: Paderborn – Die alte Stadt, Paderborn, 1969, S. 145.
[43] Ebd., S. 145.

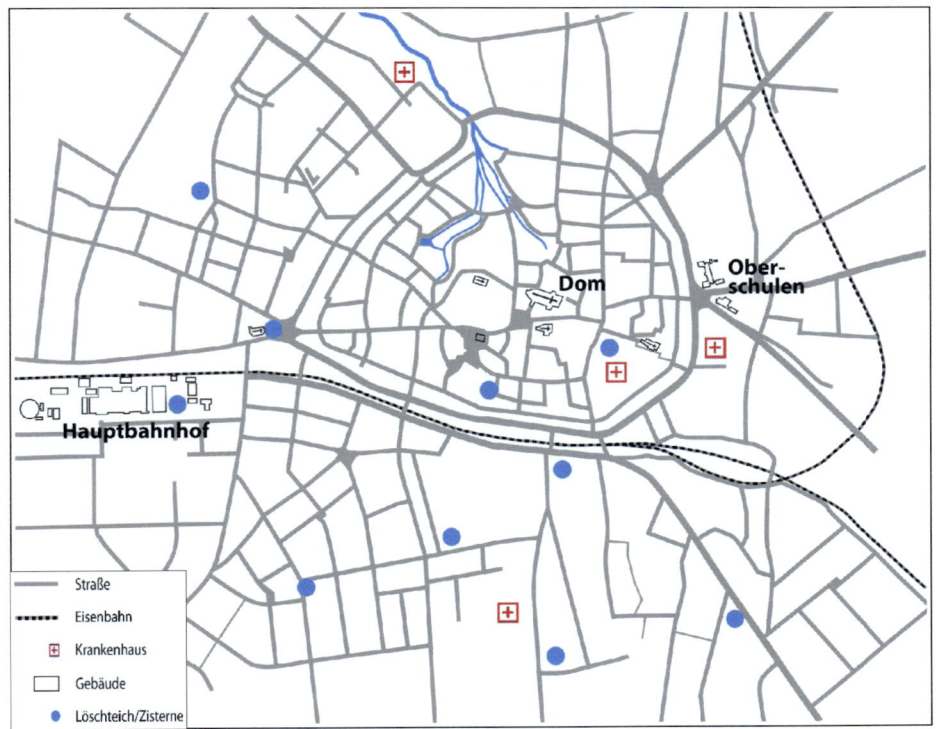

Abbildung 4: Karte: Lena Westhoff

Die zivile Brandwache, die für den Dom eingerichtet worden war, wurde Ende 1944 durch eine militärische ersetzt. Ab dem 3. August 1944 hielten ein Unteroffizier und acht Soldaten im Haus des Küsters am Ikenberg die Brandwache. Es war zwar überlegt worden, eine Berieselungsanlage für den Domturm anzuschaffen, doch die Materialknappheit machte diese Überlegungen zunichte.[44] Teile der Inneneinrichtung wurden in die Krypta und in einen Tresor, der in dem Totenkeller unter der Jesuitenkirche stand, gebracht. In diesen Tresor kam auch der Liboriusschrein, der den Krieg heil überstand. Sehr wertvolle Stücke wurden zudem „in die einsam gelegene Kirche Marienmünster gebracht"[45].

Es gab also in Paderborn staatliche und kirchliche Bemühungen um den „passiven" Luftschutz. Zu den privaten Bemühungen gehörten die Verdunkelungspflicht, durch die den Bombern der Anflug auf die Stadt erschwert wurde, sowie der Erwerb von Volksgasmasken. Außerdem wurden, wie bereits erwähnt, private Kellerräume zu Luftschutzräumen umgebaut.

[44] Vgl. ebd., S. 146.
[45] Ebd., S. 146.

Zusätzlich wurden zahlreiche Splittergräben in der gesamten Innenstadt angelegt.[46] Bei diesen Gräben handelte es sich um provisorische und primitive Bunker. Die Splittergräben waren etwa 30 bis 40 Meter lang und wurden zickzackförmig in die Erde gegraben. An den beiden Enden wurden Eisentüren eingebaut. Auf den Graben wurden etwa 30 Zentimeter dicke Betonplatten gelegt, und die ausgehobene Erde wurde zusätzlich auf die Platten gehäuft. Für den Notfall gab es mehrere Notausstiege aus diesen Gräben. Diese bestanden aus eisernen Tritten an der Wand und einer Luke, durch die man den Bunker verlassen konnte. Der Schutz, den diese Splittergräben boten, ist als sehr dürftig einzuschätzen. Sie schützten tatsächlich nur vor Splittern, und schon eine einzelne Stabbrandbombe konnte die dünne Betonabdeckung durchschlagen. Sie boten jedoch ausreichenden Schutz vor dem zerstörerischen Luftdruck von Luftminen.

Die Flugabwehr

Im Folgenden werden nun die „aktiven" Maßnahmen des Luftschutzes zur Sprache kommen. Im Mai 1942 wurde die Heimatflak aufgestellt, deren Bedienung ganz oder zum Teil aus Zivilisten bestand.[47] Sie bedienten die Geschütze nur im Alarmfall. Da die Luftgefährdung als gering eingestuft wurde, waren in Paderborn hauptsächlich Flugabwehrkanonen von zwei und 3,7 Zentimetern eingesetzt. In den ersten Kriegsjahren gab es auch 10,5-cm-Geschütze. Auf dem Flughafen standen außerdem zwei 8,8-cm-Kanonen zur Flugabwehr.

Die deutsche Flugabwehr feuerte nicht etwa ziellos in die Luft, sondern einzelne Geschütze griffen entweder einzelne Flugzeuge oder ein gemeinsames Ziel an. Der Feuerleitoffizier berechnete die Geschwindigkeit des Ziels und den Winkel zum Geschütz und errechnete daraus eine Feuerleitlösung. Ein Geschoss der schweren 8,8-cm-Kanone brauchte für 6000 Meter bis zum Ziel etwa sechs Sekunden. Dann explodierte es und beschädigte Flugzeuge in einem Umkreis von etwa 200 Metern. Wenn eine Granate dichter als 50 Meter an einem Flugzeug explodierte, waren Bomber und Besatzung in der Regel verloren. Die deutsche Flugabwehr war bei den alliierten Bomberbesatzungen sehr gefürchtet.

Jeder Schuss, der in Richtung der Bomberströme abgeschossen wurde, war auch gut für die Moral der Bombardierten. So hatten sie das Gefühl, nicht völlig schutzlos zu sein. Auch wurden die Bomber durch das Flakfeuer gezwungen, sehr hoch zu fliegen. So erhöhte sich die Streuweite der

---

[46] StadtA PB: A 3927.
[47] PB 1945 – Leben im NS und Krieg, S. 126.

26

Bombenabwürfe.[48] Jeder Schuss der schweren Flak wurde einzeln berechnet und dann abgefeuert. Dennoch war der Munitionsverbrauch sehr hoch. So verschoss die Flak[49] im Jahr 1940 fast 2500 schwere und genauso viele leichte Granaten, um einen einzigen Bomber abzuschießen.[50]

Abbildung 5: Flugabwehrkanone an der Panzerkaserne Driburger Straße
Foto: Jost Wedekin

Die Flugabwehreinheiten waren in Züge und Batterien eingeteilt, die gemeinsam feuerten. Zu den Batterien gehörten auch Würzburg-Geräte und für den Nachteinsatz Scheinwerfergruppen. Für die Abwehr von Bombern wurden schwere Kanonen eingesetzt. Das kleinste der schweren Flakgeschütze war die Acht-Acht, die mehrfach modernisiert wurde. Die letzte Ausführung war die 8,8-cm-Flak 41 von Rheinmetall-Borsig.[51] Die wirksame Schusshöhe konnte gegenüber dem Vorläufermodell um 2675 Meter gesteigert werden und betrug dank der stärkeren Treibladung 10 675 Meter. Das nächstgrößere Geschütz war die 10,5-cm-Flak 38. Die Schusshöhe lag bei knapp 9500 Metern, doch die Geschosse wogen im Vergleich zur Acht-Acht rund fünf Kilogramm mehr. Das größte Geschütz,

---

[48] Hastings: Bomber Command, S. 241.
[49] Flak = **Flu**g**a**bwehr**k**anone.
[50] Hastings: Bomber Command, S. 241.
[51] Vgl. Hogg, Ian: Artillerie des 20. Jahrhunderts, Bindlach, 2001.

das zur Flugabwehr eingesetzt wurde, war die 12,8-cm-Flak 40. Das 26 Kilogramm schwere Geschoss konnte mit dieser Waffe knapp elf Kilometer hoch geschossen werden. Von den schweren Geschützen wurden die beiden Erstgenannten in den ersten Kriegsjahren auch in Paderborn eingesetzt. Später wurde die schwere Flak abgezogen und an anderen Punkten aufgestellt.[52]

Abbildung 6: Mitglieder der Heimatflak auf der Lieth
Foto: Jost Wedekin

Für die Bekämpfung von tiefer fliegenden Bombern und Jagdbombern wurden Maschinenkanonen mit Kaliber 2 cm, 3,7 cm oder 5 cm eingesetzt. Mit diesen Waffen konnte der Luftraum bis zu einer Höhe von knapp sechs Kilometern wirksam verteidigt werden. Die leichten Flugabwehrkanonen wurden am Paderborner Bahnhof auf zehn Meter hohe Holztürme gesetzt, damit sie Tiefflieger besser bekämpfen konnten.[53] In den letzten Kriegsmonaten standen die Flakgeschütze am Bahnhof, an der Reiterkaserne an der Rathenaustraße, am Maspernplatz, an der Panzerkaserne an der Driburger Straße und besonders am Fliegerhorst Mönkeloh.[54] Nicht alle dieser Geschütze wurden von der Heimatflak, also von Zivilisten, bedient. Die

---

[52] Locker, Marc: Heimatflak, in: Locker: Bomben, S. 125.
[53] Ebd., S. 125.
[54] Ebd., S. 128.

Flugabwehrabteilung 46, die am Flughafen eingesetzt wurde, bediente die Maschinenkanonen im direkten Umfeld des Fliegerhorstes und bestand aus militärischem Personal.

Der Fliegerhorst Mönkeloh

Bereits im Ersten Weltkrieg wurde in Paderborn ein Flugplatz gebaut.[55] Während dieses Krieges allerdings wurde der Flugplatz nicht mehr benutzt. Nach dem Ersten Weltkrieg durften die Deutschen keine Panzer und keine eigene Luftwaffe besitzen. Doch schon sehr schnell nach der Machtergreifung der Nazis bekam Paderborn im Jahr 1934 eine Fliegerschule. Dort wurden Reklamegeschwader ausgebildet. Tatsächlich handelte es sich um eine paramilitärische Einrichtung.[56] Daher wurde der Flughafen auf Staatskosten stark ausgebaut und vergrößert. Am 1. März 1935 wurden die Tarnbestimmungen für die Luftwaffe aufgehoben, und die Luftwaffe übernahm das Kommando über den Luftpark.[57]

In seiner letzten Ausbaustufe war der Flughafen etwa doppelt so groß wie die gesamte Paderborner Innenstadt. Der Flughafen Mönkeloh war einer von 17 Luftparks. Diese Art Flughafen konnte alle anfallenden Arbeiten an sämtlichen Flugzeugmustern vornehmen. Hier wurden nicht nur Maschinen eingeflogen und bewaffnet, sondern auch inspiziert, gewartet, instand gesetzt und überholt. So wurden in Paderborn zeitweise auch einige der Me 323 „Gigant" repariert.[58] Dieses riesige Flugzeug mit sechs Motoren war in der Lage, selbst kleine Panzer zu transportieren. Es war das größte deutsche Flugzeug, das im Krieg überhaupt zum Einsatz kam.

Von Paderborn aus starteten 1940 auch Fallschirmjäger nach Holland, und von hier aus wurde der Nachschub an die Front geflogen. Von 1944 bis zur Besetzung der Stadt waren in Paderborn auch Jäger und Zerstörer stationiert, die ihre Einsätze hier starteten. In den letzten Kriegsjahren waren auf dem Fliegerhorst Paderborn bis zu 2000 Soldaten stationiert.[59] Geschützt wurde der Flugplatz von der leichten Flakabteilung 943. Diese Abteilung verfügte über eine 3,7-cm-Batterie und zwei Batterien mit 2-cm-Flugabwehrkanonen.

Der Flugplatz hatte sogar einen eigenen Bahnanschluss. Eine feste Rollbahn gab es auf dem Paderborner Fliegerhorst nicht. Die Flugzeuge landeten auf einem etwa 1000 mal 1000 Meter großen Feld.[60]

---

[55] Mauel, Kurt: Otto Plassmann 1861-1932, in: WZ 128 (1978), S. 430.
[56] PB 1945 – Leben im NS und Krieg, S. 59.
[57] Ebd., S. 59.
[58] Zeitzeugenbericht: Waldemar Becker aus Bad Driburg am 1. März 2005 im Gespräch mit dem Autor. Herr Becker war im Frühjahr 1943 als Luftwaffenhelfer auf dem Flugplatz Paderborn eingesetzt.
[59] PB 1945 – Leben im NS und Krieg, S. 59.
[60] Ebd., S. 60.

Abbildung 7: Bau eines Hangars auf dem Fliegerhorst Mönkeloh
Foto: Jost Wedekin

Bis zur Besetzung am 1. April 1945 waren auf dem Flughafen Paderborn Flugzeuge stationiert. „Die geheimen Tagesberichte der deutschen Wehrmachtsführung" berichten noch am 20. März von beschädigten und zerstörten Flugzeugen auf dem Paderborner Flughafen. Insgesamt wurden bei den Angriffen am 19. und 20. März fünf Ju 88 zerstört und zwei weitere beschädigt. Des Weiteren wurde ein Jäger vom Typ Bf-109 beschädigt.

Diese Maschinen waren nicht etwa am Boden, weil es keinen Sprit mehr gab, den gab es nämlich noch ausreichend in Paderborn. Der Kommandant des Paderborner Flughafens berichtete am 31. März 1945 um 14.12 Uhr, dass 12 000 Liter Benzin und 10 000 Liter Diesel sowie 2000 Liter Kerosin restlos abgegeben worden waren.[61] Wahrscheinlich blieben diese Flugzeuge am Boden, weil ein erfolgreicher Einsatz nicht mehr möglich war. Die Soldaten der Nachtjagdgeschwader waren im März 1945 mit je 25 Mann zur Panzerabwehr eingesetzt und versahen keinen fliegerischen Dienst mehr.[62] Somit war auch das Personal noch am Fliegerhorst Paderborn eingesetzt.

---

[61] StadtA PB: (S 1/48/1).
[62] StadtA PB: (S 1/48/1).

Die Ereignisse der Kriegsendphase

Der März 1945

In der Kriegschronik der Stadt Paderborn wird der März 1945 wie folgt beschrieben:

„Das Märzwetter war durchgehend günstig und mild. Es gab keinerlei Frost und das Wachstum war bis Ende März schon soweit fortgeschritten, dass Frühobstbäume vor dem Blühen zu stehen schienen und die Hecken im frischen Grün standen. […] Vom 20. bis 30. war eine ausgesprochene Schönwetterperiode mit warmen Tagen und kühlen Nächten.“[63]

Dieser Auszug aus der Kriegschronik der Stadt Paderborn zeigt sehr deutlich, dass das Wetter im März 1945 gut war. Nicht nur für das Wachstum der Obstbäume, sondern auch für die letzten Luftangriffe auf Paderborn. Besonders die „Schönwetterperiode" vom 20. bis zum 30. März fällt genau zusammen mit der letzten britischen Angriffsserie. Da die deutsche Luftabwehr kaum noch wirkungsvoll eingesetzt werden konnte, waren die englischen Bomberverbände auch zu Tagangriffen übergegangen. Auch der Widerstand am Boden durch Volkssturm und Wehrmachtsverbände ließ allmählich nach. An der Westfront, die sich mittlerweile auf deutschem Boden befand, hatten die Amerikaner Anfang März bei Remagen eine Rheinbrücke erobert, und nichts schien sie aufhalten zu können.

„Der März 1945 wird als der Kriegsmonat im Gedächtnis der Paderborner wie auch in der Geschichte der alten Paderstadt niemals vergessen, vielmehr als der schicksalhafteste Monat seit dem Bestehen der Stadt verzeichnet bleiben. Der Krieg rückte im Laufe des Monats immer näher an die Grenzen der Paderstadt und am Monatsende standen die Amerikaner in und um Paderborn. 5 Luftangriffe grösseren Ausmaßes hatten die Paderborner diesen Monat zu bestehen. Die Zahl der Luftwarnungen und der Alarms liess sich kaum mehr registrieren. Bis zum 27. ertönten 60 mal kleiner[64] und 65 mal Vollalarm. Vom 10. ab stand die Paderstadt im Daueralarmzustand, der zwischen 8 und 9 Uhr meist begann und erst um 18 Uhr wieder endete, um dann in den Abend- und Nachtstunden erneut in Aktion zu treten. ‘[65]

---

[63] StadtA PB: Kriegschronik (A 5461) auf Mikrofilm.
[64] Mit „kleinem Alarm" ist die Fliegerwarnung gemeint, die vor einzelnen Tiefliegern und Jägern warnte.
[65] StadtA PB: (A 5461).

Mit diesen Worten beginnt dann die Darstellung des letzten Luftangriffes auf Paderborn in der Chronik. Die Menge der Luftwarnungen zeigt das Ausmaß, das die alliierten Luftangriffe annahmen. Sie konnten fast ungehindert jede beliebige Stadt in Deutschland bombardieren. Der in der Chronik beschriebene „Daueralarmzustand" bezog sich nicht nur auf Bombenangriffe, sondern auch auf die verstärkt auftretenden Angriffe von Tiefffliegern. Diese Flugzeuge machten allein oder gemeinsam Jagd auf Züge oder Personen und Fahrzeuge. In der Kriegschronik wird ein Vorfall geschildert, bei dem ein mit Möbeln beladener Wagen von einem Tiefflieger angegriffen wurde.

Auffällig an der Chronik ist die Perspektive des Erzählers. Zu Beginn des Zitats fasst der Schreiber die Ereignisse des Monats zusammen. Dies ist möglich, da die Chronik erst nach dem Krieg verfasst wurde. Wie genau diese Berichte daher sind, ist schwer festzustellen. Zu einigen Aussagen der Chronik finden sich jedoch weitere Quellen, die andere oder gegensätzliche Informationen geben. Dennoch ist diese Kriegschronik eine wichtige Quelle, die Aufschluss über den ereignisgeschichtlichen Ablauf gibt, sofern die Angaben mit weiteren Quellen abgeglichen werden können.

Donnerstag, der 22. März

„Am Vormittag des 22. März trieben Tiefflieger über Paderborn und Umgebung ihr Unwesen. Sie warfen auf dem Güterbahnhof einen Treibstoffwagen in Brand, wodurch ein starker Brand verursacht wurde. – Auf der Salzkottener Straße wurde ein mit Möbeln beladenes Auto getroffen, wobei 7 Fahrgäste getötet wurden, während der Fahrer mit Verletzungen davonkam. Endlich wurden Züge beschossen."[66]

Nachdem der Vormittag den Tiefffliegern gehörte, kamen am Abend die Bomber. Die Piloten des Jagdgeschwaders auf dem Mönkeloh waren nicht mehr im Einsatz, und die englischen und amerikanischen Tiefflieger konnten nur noch schwer aufgehalten werden. Da diese Flugzeuge von Flugplätzen in Frankreich und Holland starten konnten, hatte sich ihr Einsatzradius erheblich erweitert. Aufgrund der Bebauung und des Geländes konnten die Tiefflieger nur tagsüber eingesetzt werden. In der Nacht konnten die Piloten keine Ziele erkennen – mit einer Ausnahme: Züge. Die Dampflokomotiven stießen während der Fahrt auch Funken aus dem Schornstein, so dass es für die Piloten möglich war, die Züge zu sehen. Die Alliierten kannten das Schienennetz in Deutschland gut, und so wussten die Piloten auch, an

---

[66] StadtA PB: (A 5461).

welchen Stellen die Züge beispielsweise langsamer fuhren und so leichter zu treffen waren.

Am Abend des 22. März gab es einen Angriff mit Luftminen auf die Innenstadt von Paderborn. *„Ohne Hauptalarm, fast gleichzeitig mit dem Voralarm, fielen die Tod und Verderben bringenden Minen",*[67] heißt es in den Erinnerungen von Hermann Bieker. Die Kriegschronik beschreibt diesen Abend so:

> *„Der Luftwarndienst hat wie schon des Öfteren nicht recht funktioniert. Etwa um 21 Uhr 10 wurde Kleiner Alarm gegeben, wie er beim Anflug von Feindjägern üblich war. Schon wenige Minuten später fielen die ersten Minenbomben, als die Bewohner noch nicht den Luftschutzraum aufgesucht hatten. Erst dann wurde Vollalarm gegeben. "*[68]

In diesem Abschnitt der Kriegschronik ist von „kleinem Alarm" die Rede. Dieser Alarm war bei Angriffen durch Tiefflieger vorgesehen. Die schnellen, kleinen Flugzeuge, die Paderborn angriffen, waren jedoch keine Jagdflugzeuge, sondern Mosquito-Schnellbomber. Diese Verwechselung führte zum Tod von etwa 40 Menschen. Im „Westfälischen Volksblatt" wurde über diesen Luftangriff auf Paderborn erst am 24. März 1945 berichtet. Es sollte der letzte Bericht über Bombenangriffe auf Paderborn werden.[69] Zu diesem Zeitpunkt musste das Schicksal Paderborns bereits entschieden gewesen sein. Dieser Angriff wie auch die folgenden wurde ausschließlich von der Royal Air Force geflogen.[70] Es war der 35. Angriff auf die Stadt, wobei von den vorangegangenen 34 Angriffen nur einer ausdrücklich auf die Stadt gerichtet war. Die Übrigen zielten auf den Flughafen und die Eisenbahnanlagen der Stadt.[71] Obwohl das Ziel bei diesem Angriff das Stadtzentrum war, zeigen doch die Anzahl und die Art der verwendeten Bomben, dass die englische Luftwaffe bei diesem Angriff noch nicht die Vernichtung der Stadt geplant hatte. Für die Vernichtung hätten mehr als neun Bomber sowie Brandbomben eingesetzt werden müssen. Bei der Bombardierung am 22. März warfen die Bomber 17 Tonnen Sprengbomben ab.[72] In den geheimen Tagesberichten der Wehrmachtsführung heißt es am 22. März in den Abendmeldungen hingegen:

---

[67] Bieker, Hermann: Die brennende Stadt – Meine Erinnerungen an die Zerstörung Paderborns 1945, Paderborn, 1948, S. 10.
[68] StadtA PB: (A 5461).
[69] „Erneuter Terrorangriff auf Paderborn – Kultur- und Wohnstätten das ausschließliche Ziel der Luftgangster", in: Westfälisches Volksblatt, Nr. 69, 24.03.1945.
[70] Reller: Ruinen, S. 66.
[71] Ebd., S. 66.
[72] Ebd., S. 66.

„Zu den Einflügen 20.35 Uhr – 21.06 Uhr: Einflug von etwa 50 schnellen Kampfflugzeugen zum Angriff auf Paderborn. Paderborn: 20.49 Uhr – 21.06 Uhr 15 Mb., 70 Sprb. In Stadtmitte schwere Schäden. Einzelheiten stehen noch aus."[73]

In dem Bericht von Christoph Tölle, dem späteren Bürgermeister der Stadt Paderborn, ist von neun Bombern die Rede. Der geheime Tagesbericht der Wehrmachtsführung spricht hingegen von 50 Bombern. In beiden Fällen jedoch werden keine Brandbomben genannt. Rein rechnerisch ist die Version von Christoph Tölle logisch: Neun Mosquito Mk. XVI[74] konnten zusammen neun Luftminen transportieren,[75] was umgerechnet einer Menge von 17,1 Tonnen Spreng- oder Minenbomben entspricht. Die Kriegschronik im Stadtarchiv Paderborn[76] berichtet von nur acht Flugzeugen, die entsprechend „nur" acht Luftminen abwarfen. Aufgrund dieser beiden doch sehr ähnlichen Berichte scheint der geheime Tagesbericht der Wehrmachtsführung hier ungenau zu sein. Weiter gilt es zu berücksichtigen, dass der Wehrmachtsbericht eher den großen Überblick als Details wiedergibt. Letzte Klarheit in dieser Frage bringt das Operationstagebuch der Royal Air Force (RAF). Am 22./23. März 1945 ist von acht Mosquito-Jagdbombern, die gegen Paderborn eingesetzt wurden, die Rede.[77]

Da die letzten Angriffe sämtlich von der RAF geflogen wurden, ist ein zusammenhängendes Konzept hinter all diesen Angriffen zu vermuten. Dieser Angriff sollte wohl eine Vorbereitung des Angriffes vom 27. März sein. Zur Wirkung der Luftminen heißt es:

„Kein Keller war sicher vor diesen Minen, doch suchte man sie auf, auch unter der erhöhten Gefahr, dort verschüttet zu werden, weil man draußen den Lungenriß fürchten mußte, der durch den Luftüberdruck der krepierenden Mine entstand."[78]

Bei diesem Angriff starben etwa 40 Paderborner und Paderbornerinnen.[79] Mehr als die Hälfte von ihnen waren junge Frauen und Mädchen, die an

---

[73] Mehner, Kurt: Die geheimen Tagesberichte der deutschen Wehrmachtsführung im Zweiten Weltkrieg 1939-1945, Osnabrück, 1984, S. 308.

[74] Die Mosquito Mk. XVI war gegen Ende des Krieges ein häufig genutzter Jagdbomber der englischen Luftwaffe.

[75] Gunston, Bill: Die Flugzeuge des 2. Weltkriegs – Risszeichnungen, Trendelburg, 1999.

[76] StadtA PB: (A 5461).

[77] Tagebuch der RAF im Internet: [http://www.raf.mod.uk/bombercommand/mar45.html] – zuletzt besucht am 05.03.2005 um 13.50 Uhr.

[78] Bieker: Stadt, S. 10.

[79] Hüser, Karl; Stambolis, Barbara: Unter dem Hakenkreuz – Im Gleichschritt, marsch! – Paderborn – Geschichte in Bildern, Dokumenten und Zeugnissen (Heft 3), Paderborn, 1989, S. 78.

einem Jugendgottesdienst in der Domkrypta teilgenommen hatten. Es war wahrscheinlich die vierte Mine, die das Domgebiet traf, den Kreuzgang zum Einsturz brachte und die Menschen unter sich begrub. Eine weitere Mine traf den Kaiserhof, in dem französische Zwangsarbeiter untergebracht waren. Auch hier starben viele Menschen.

Abbildung 8: Hotel Kaiserhof am Kamp, 1945 zerstört
Foto: Stadtarchiv Paderborn

An diesem Donnerstag begann die 1. US-Armee mit Angriffen aus dem Brückenkopf Remagen heraus.[80] Diese Armee sollte das Ruhrgebiet von Süden her umklammern. Ihr Ziel war der Raum Paderborn/Lippstadt. Im Ruhrgebiet stand die Heeresgruppe B unter dem Kommando von Generalfeldmarschall Model. Dieser etwa 300 000 Mann[81] starke Verband hatte die Aufgabe, die Rüstungsschmiede des Deutschen Reiches zu verteidigen. Durch die Flankenbewegung der Amerikaner sollte die gesamte Heeresgruppe B nicht direkt angegriffen, sondern vielmehr eingeschlossen und so zur Kapitulation gezwungen werden. Dazu schreibt Generalfeldmarschall Albert Kesselring in seinem Buch „Soldat bis zum

---

[80] Mues, Willi: Der Große Kessel – Eine Dokumentation über das Ende des Zweiten Weltkrieges zwischen Lippe und Ruhr / Sieg und Lenne, Lippstadt, 1984, S. 46.
[81] Becker, Waldemar: Das Kriegsende 1945 im ehemaligen Hochstift Paderborn, Paderborn, 1994, S. 24.

letzten Tag": „[...] di*e Bewegungs- und Führungsschwierigkeiten auf der deutschen Seite wurden von den Alliierten nicht voll ausgenutzt; dies ließ den Schluß zu, daß sich der Feind schonte.*"[82] Natürlich wusste auch die Wehrmachtsführung, dass der Ausbruch aus dem Brückenkopf von Remagen und der gleichzeitige Vormarsch der 9. US-Armee nördlich des Ruhrgebietes das Ende des Krieges im westlichen Teil des Deutschen Reiches bedeuteten. Die deutsche Ardennen-Offensive im Dezember 1944 hatte den alliierten Vormarsch lediglich verzögert.

Freitag, der 23. März

An diesem Tag überquerten das II. Kanadische Corps, die 2. Britische Armee sowie die 9. US-Armee im Raum Wesel den Rhein. Unterstützt von zahllosen Fallschirmjägern, eroberten die Alliierten nördlich des Ruhrgebietes erste Gebiete rechts des Rheins. Teile dieser gewaltigen Streitmacht umklammerten das Ruhrgebiet von Norden her. Auch ihr Ziel war der Raum Paderborn/Lippstadt.

Verkehrstechnisch feierten die Paderborner am 23. März sogar einen kleinen Erfolg: Die Paderborner Straßenbahn fuhr wieder die umliegenden Orte an.[83] Nach umfangreichen Reparaturen an Gleisen und Oberleitung konnten Teile des Streckennetzes wieder befahren werden.

Währenddessen ging der Luftkrieg über Paderborn weiter. Jeden Tag griffen Tiefflieger an und warfen auch Bomben. In dem Buch „Die brennende Stadt" beschreibt der Autor die Zeit zwischen den beiden Großangriffen vom 22. und 27. März so:

> *„Indes wurden wir seit dem Minenangriff fast jede Nacht durch blendend weißes Licht und kurzen schneidenden Knall aus dem Halbschlaf gerissen. Das war weder Mine noch Christbaum. Was war es denn? Da war der strategische Photograph der Gegner an der Arbeit mit seinen Blitzlichtladungen, um überraschend bei Nacht eventuelle Truppenbewegungen der Senne und Paderborns festzustellen."*[84]

Paderborn war für die Alliierten so wichtig, dass sie es jede Nacht fotografierten, um auf den Tag der Kesselschließung vorbereitet zu sein. In der Stadt selbst gab es zu Beginn des Krieges *„weit mehr als 5.000 Soldaten"*[85]. Neben der Infanteriekaserne an der Neuhäuser Straße mit dem Garnisonslazarett wurde 1938 auch die Panzerkaserne an der Driburger

---

[82] Kesselring, Albert: Soldat bis zum letzten Tag, Bonn, 1953, S. 369.
[83] StadtA PB: (A 5461).
[84] Bieker: Stadt, S. 12.

Straße bezogen. Hier allein waren ein Panzerregiment sowie eine weitere Panzerabteilung untergebracht. Außer dem Übungsplatz Senne gab es auf der Lieth einen Standortübungsplatz und eine Schießanlage am Inselbad. Natürlich befanden sich die Panzer- und Kavallerie-Einheiten im Einsatz an der West- und später auch an der Ostfront. Doch die Kasernen wurden weiterhin dazu genutzt, für die im Felde stehenden Einheiten Reserven und Ersatz zu bilden. Auch lagerten hier Waffen und Munition, die im Verteidigungsfall ausgegeben werden konnten.[86] Daher waren allein diese militärischen Anlagen schon ein für Luftangriffe lohnendes Ziel. Zudem verfügte Paderborn ja auch über einen Fliegerhorst. Erstaunlich ist jedoch die Tatsache, dass die Panzerkaserne an der Driburger Straße von größeren Luftangriffen verschont geblieben ist. Die späteren Besatzungstruppen brauchten die Kasernen selbst und verzichteten daher wohl auf ihre Zerstörung.

Es gab aber noch andere Ziele in der Stadt. Die Reichsstraße 1, der Hellweg, führte durch Paderborn. Diese Straße ist schon seit dem Mittelalter wohl eine der wichtigsten Ost-West-Verbindungen gewesen. Sie bildete eine Art Querachse durch Deutschland, und obwohl sie nicht zur Autobahn ausgebaut wurde, darf man ihre Bedeutung nicht unterschätzen. Auch für den Schienenverkehr war Paderborn sehr wichtig, denn es gab hier zwei Ausbesserungswerke und einen Hauptbahnhof. Allein am Standort Paderborn beschäftigte die Bahn bereits 1923 2200 Personen.[87] Es gab jedoch keine nennenswerten industriellen Ziele innerhalb der Stadt.

Ein anderer Gedankengang, der in dem Buch „Als die Bomben fielen …" zum Ausdruck kommt, soll hier noch aufgegriffen werden. Dort heißt es im Kapitel „Welche Rolle spielte Paderborn im Bombenkrieg?", es sei auch möglich, dass einzelne Bomber, die ihren Verband verloren hatten, Paderborn eigenmächtig bombardiert haben könnten oder dass Bomber Bombenreste über Paderborn abgeworfen hätten.[88] Restbomben hatten die Flugzeuge nach dem Abwurf sicher nicht an Bord, da jedes Gramm, das aus dem Flugzeug geworfen wurde, eine höhere Geschwindigkeit und somit mehr Sicherheit bedeutete. Also stellten die Bombenschützen sicher, dass sie keine Bomben mehr im Flugzeug hatten, wenn der Anflug beendet war. Es ist also sehr unwahrscheinlich, dass „Restbomben" auf Paderborn geworfen wurden. Ohne

---

[85] Westhoff, Stefan: Das Paderborner Militär im 19. Jahrhundert, in: Hohmann, Klaus [Hg.]: Stadt im Aufbruch – Der lange Weg Paderborns zur modernen Stadt, Paderborn, 1998, S. 13.

[86] After Action Report 32nd Armoured Regiment, Anhang „A" des Berichtes für den April 1945:
"Battle Group MILLER outposted area South of 47 Grid Line. 650 prisoners were taken during the day, and a warehouse in town with the following equipment: 32 – 150MM Guns; 60 – 75MM Guns; 2 – 88MM Dual Purpose Guns Large quantities of gas masks, skies, packs, and chemical warfare equipment."

[87] Agethen, Manfred: Das Eisenbahnwesen – Der Bahnhof, in: Hohmann: Aufbruch, S. 14.

[88] Locker: Bomben, S. 90.

Zweifel haben einzelne Bomber immer wieder während des Krieges den Anschluss an ihren Verband verloren und dann eigenmächtig Ausweichziele oder andere Städte bombardiert, aber nicht während der letzten elf Kriegstage für Paderborn, da für jeden Angriff das Tagebuch der Royal Air Force exakt Aufschluss gibt über die genauen Umstände der britischen Angriffe.

Samstag, der 24. März

An diesem Samstag funktionierte in einigen Stadtteilen zum ersten Mal seit knapp zwei Wochen wieder das Stromnetz. Die Haushalte hatten wieder elektrische Energie.[89]

Die Royal Air Force griff an diesem Tag zusammen mit Jagdverbänden der 8. amerikanischen Luftarmee erneut an. Schon um sieben Uhr morgens wurden die ersten Jagdflugzeuge der Alliierten vom deutschen Radar erfasst. Insgesamt tauchten an diesem Tag mehr als 1000 Jäger und Jagdbomber über Norddeutschland auf. Ihren Schwerpunkt hatten die Operationen im Bereich Münsterland, östliches Ruhrgebiet bis zur Linie Siegen–Paderborn–Minden.[90] Über Paderborn erschien nur ein einziger britischer Jagdbomber, vermutlich vom Typ Mosquito. Diese Flugzeuge waren aus Holz und somit nur schwer vom deutschen Radar zu erfassen.[91] Doch zu dem Zeitpunkt hatten die angreifenden Piloten im Raum Paderborn bereits keine Gegner mehr zu fürchten. Der letzte Einsatzverband, der in Paderborn stationiert war, war die III. Gruppe des 4. Nachtjagd-Geschwaders, die vom 6. bis 27. Februar 1945 auf dem Fliegerhorst stationiert war.[92] Während der letzten elf Tage vor der Besetzung Paderborns verfügte die Stadt über keinerlei Jagdschutz. Doch standen auf dem Flughafen an diesem Tag die Reste von fünf Zerstörern und drei beschädigten Flugzeugen. Auf dem Flughafen selbst war noch die Flakabteilung 46 untergebracht. Die Waffen dieser Einheit bestanden aus acht Flakvierlingen.[93] In der Stadt selbst wurden noch zwei 8,8-cm-Flugabwehrkanonen in der Kaserne an der Elsener Straße gelagert zusammen mit 32 15-cm-Artilleriegeschützen und mit 60 Panzerabwehrkanonen[94].

Die englischen Mosquito-Flugzeuge konnten, wenn sie als Langstreckenbomber eingesetzt wurden, nur mit vier 500-Pfund-Bomben[95] an den Tragflächen ausgerüstet werden, da im Flugzeug selbst der notwendige

---

[89] StadtA PB: (A 5461).

[90] Mehner: Tagesberichte, S. 319.

[91] Webster: Offensive [Bd. 4], S. 453.

[92] Schmude, Henner: Reichswehr und Wehrmacht im Paderborner Land 1920-1945, in: Heimatkundliche Schriftreihe 32, Paderborn, 2001, S. 46.

[93] Vgl. dazu Becker: Kriegsende, S. 27; sowie Mues: Kessel, S. 146.

[94] Im After Action Report des Combat Command „A" für den Monat April vom 5. Mai 1945 steht, dass die Task-Force X zwei 88-mm-Flakgeschütze in Paderborn gefunden hat.

Treibstoff untergebracht war. Die Mosquito-Jagdbomber wurden auch zur Aufklärung eingesetzt. Es ist sehr wahrscheinlich, dass der Angriff am 24. März mehr der Luftbildaufklärung als der Zerstörung Paderborns galt. Dennoch wurden auch durch diesen Bombenangriff die Zivilisten und die Soldaten in der Stadt in die Keller und Unterstände gezwungen.

Die Jagdbomber waren im Gegensatz zu den schweren Langstreckenbombern sehr beweglich und wurden deswegen auch als Jäger eingesetzt.[96] Die zusätzliche Bewaffnung mit Maschinengewehren und Bordkanonen ermöglichte es den Piloten, auch Personen, Fahrzeuge oder Züge direkt anzugreifen.

Der Bodenkrieg ging an diesem Samstag unvermindert weiter. Doch die allgemeine Stoßrichtung der 1. US-Armee zielte nicht nach Norden, wie die Führung der Heeresgruppe B angenommen hatte, sondern weiter nach Osten. Auch trafen die ersten Meldungen über die Rheinüberquerung bei Wesel ein. Die Truppen im Ruhrgebiet wurden nun an zwei Seiten von alliierten Streitkräften umgangen. Die Lage-Entwicklung sah ganz nach einer Einkesselung aus.[97]

Sonntag, der 25. März

Einträge über Bombenangriffe vom 25. März sind in den Chroniken nicht zu finden. An diesem Tag geschah demnach nicht sehr viel, über das es sich zu schreiben lohnte. Auch in den geheimen Tagesberichten der Wehrmachtsführung werden keine Angriffe gegen Paderborn gemeldet. Am Rhein jedoch wurde an diesem Sonntag heftig gekämpft, als die amerikanischen Truppen aus dem Brückenkopf bei Remagen ausbrachen.[98]

Ihnen gegenüber standen acht deutsche Divisionen, die in sehr unterschiedlicher Stärke an den Kämpfen teilnahmen. Neben einigen Volksgrenadierdivisionen bestand die deutsche Verteidigungslinie auch aus kampferprobten Panzerverbänden. Das erste Ziel des amerikanischen Ausbruchs war die Ortsmitte von Altenkirchen. Um vier Uhr morgens rollten

---

[95] Die Bombentonnage von einer Tonne, die Bernhard Reller in seinem Buch angibt, stimmt fast genau mit der Bombenlast der Mosquito (4 mal 500 Pfund entspricht 906 Kilogramm) überein. Daher der Rückschluss auf diesen Flugzeugtyp. Des Weiteren gab es zwischen Januar 1943 und April 1945 Angriffe von Jagdbombern vom Typ Mosquito auf Paderborn mit jeweils weniger als 25 beteiligten Maschinen. Vgl. Webster, Bd. 2, S. 199, Map II. Die Reichweite dieser Flugzeuge gibt die Royal Air Force mit mindestens 1370 Meilen an (bei max. Bewaffnung und Betankung). Vgl. Webster: Offensive [Bd. 4], S. 453. Die Entfernung zwischen den Flugplätzen in Mittelengland (Lincoln) und Paderborn beträgt exakt 400 Meilen. Somit konnte Dieser Jagdbombertyp konnte die Stadt Paderborn bequem erreichen. Vgl. Webster: Offensive [Bd. 1], S. 135, Map I.
[96] Friedrich: Brand, S. 32.
[97] Vgl. Mues: Kessel, S. 47.
[98] Third Armored Division: Spearhead in the West: 1941-1945, Frankfurt a. M., 1945, S. 242.

die US-Panzer und Schützenpanzer los und trafen sofort auf die deutschen Verteidiger. An diesem Tag wurden „nur" zwölf Meilen erobert, da das Vorrücken der Panzer in dem stark bewaldeten Gebiet an die Straßen gebunden war, die teilweise vermint waren, und zahlreiche Straßensperren die Panzer und Fahrzeuge stark behinderten. Die Kämpfe dauerten bis in die Nacht, und das Ziel Altenkirchen konnte an diesem Tag noch nicht erreicht werden.

Montag, der 26. März

An diesem Montag griffen zwei englische Flugzeuge die Stadt Paderborn an.[99] Beide Maschinen luden insgesamt etwa vier Tonnen Bomben ab. Auch in diesem Fall handelte es sich um englische Jagdbomber. Der geheime Tagesbericht der Wehrmachtsführung beschreibt ebenfalls diesen Angriff, der nicht nur Paderborn galt.

Gegen 20 Uhr wurde der Einflug von etwa 65 Fernnachtjägern gemeldet. Diese Gruppe teilte sich auf und machte dann in kleinen Gruppen Jagd auf deutsche Jäger. Sie bombardierten vereinzelt auch Ziele und machten Fotos von den Städten, die sie überflogen. Im gesamten Nordwesten und Westen des Reiches operierten die Fernnachtjäger bis etwa gegen sechs Uhr morgens. Im Rahmen dieser Operation wurde gegen 21.58 Uhr und 22.15 Uhr jeweils eine Sprengbombe[100] geworfen. Heinz Meyer spricht in seinem Buch von „7 schweren Luftminen" um „19.00 Uhr",[101] Bernhard Reller hingegen bestätigt den Wehrmachtsbericht und nennt zwei Flugzeuge, die vier Tonnen Sprengbomben abwarfen, also genau zwei Minenbomben.[102] Die Angabe in Heinz Meyers Buch ist offenbar unzutreffend. Wieder wurden ausschließlich Sprengbomben geworfen und nicht eine Brandbombe. Dieser dritte Angriff der Engländer seit dem Minenangriff war erneut ein Störangriff, der aber wohl auch der Aufklärung galt. An diesem Abend wurden die letzten Fotos von Paderborn vor dem entscheidenden Angriff gemacht, der am nächsten Tag stattfinden sollte.

In diesem Zusammenhang ist es notwendig, noch einmal die übergeordnete Strategie darzulegen. Der Plan für den Angriff auf das deutsche Nachschub-, Transport- und Kommunikationssystem vom 7. November 1944 teilte das Deutsche Reich in Angriffsbereiche ein. Im Angriffsbereich 4 lagen die Städte Bebra, Kassel, Hameln und auch Paderborn mit dem Altenbekener

---

[99] Tagebuch der RAF im Internet: [http://www.raf.mod.uk/bombercommand/mar45.html] – zuletzt besucht am 05.03.2005 um 13.50 Uhr.
[100] Mehner: Tagesberichte, S. 327.
[101] Meyer, Heinz: Luftangriffe zwischen Nordsee, Harz und Heide – Eine Dokumentation der Bomben- und Tieffliegerangriffe in Wort und Bild 1939-1945, Hameln, 1983, S. 182.
[102] Reller: Ruinen, S. 66.

Viadukt als Sonderziel. Dieser Plan sah alle wichtigen Eisenbahnstrecken, Wasserwege, Straßen und Flughäfen als Angriffsziele vor.[103] Nach diesem Angriffsplan wurden der Paderborner Güterbahnhof sowie die Ausbesserungswerke insgesamt sechsmal zu Angriffszielen. 716 Flugzeuge warfen fast 2000 Tonnen Spreng- und Brandbomben ab. Mehr als die Hälfte der gesamten auf Paderborn geworfenen Bombenmenge fielen im Rahmen dieser Transportoffensive. Jedoch ist die Angriffswelle, die gegen das deutsche Netzwerk von Gleisen, Kanälen, Flüssen und Straßen geführt wurde, nicht isoliert zu sehen, so als ob Kollateralschäden nicht beabsichtigt gewesen seien.

Im letzten Quartal 1944 flog die 8. US-Luftflotte, also die Flotte, die auch Paderborn am 17. Januar angriff, fast 80 Prozent ihrer Angriffe mit H2X-Navigationshilfe. Die Einschläge lagen hierbei in einem rund 3,2 Kilometer großen Radius um das Ziel herum. Wenn man unter diesen Bedingungen ein Ziel treffen wollte, musste man einen Sättigungsangriff fliegen, also so viele Bomben abwerfen, dass es einfach direkte Treffer geben musste.[104] Was diese Sättigungsangriffe auf Transportziele, hier besonders für Eisenbahnanlagen, bedeuteten, möchte ich mit einem Exkurs in die Paderborner Stadtgeschichte aufzeigen.

In den 1840er Jahren, als die Eisenbahnstrecke Paderborn–Willebadessen gebaut wurde, sank der Aktienkurs der Eisenbahngesellschaft, was den Verantwortlichen, den Bauinspektor Pickel, zwang, den Standort des Bahnhofes in Paderborn zu verändern. Die ursprüngliche Planung sah vor, den Bahnhof am Rosentor zu bauen. Doch weil dort Umbaumaßnahmen notwendig gewesen wären, entschloss man sich, kostengünstiger auf der grünen Wiese vor der Stadt zu bauen.[105] So wurde der Bahnhof im Jahr 1850 in der Nähe von Romskapelle errichtet.[106] Er lag zwar zunächst etwas außerhalb der Stadt, doch durch den wirtschaftlichen Aufschwung, den die Stadt dann – auch durch den Bahnhof – erlebte, war er bald von Häusern umgeben.

Auch die Belegschaft des Ausbesserungswerkes hatte ihre Unterkünfte direkt hinter dem Werk. Paderborn wurde zudem Sitz der Bahndirektion und bekam deshalb einen Hauptbahnhof mit Verwaltungsgebäuden und eine Hauptreparaturanstalt für Wagen und Lokomotiven.[107]

---

[103] Webster: Offensive [Bd. 3], S. 247, Map IX; vgl. Reller: Ruinen, S. 66.
[104] Groehler: Bombenkrieg, S. 351f.
[105] Czapski, Werner, u. a.: Die Anfänge der Eisenbahn im Hochstift Paderborn, in: Heimatkundliche Schriftenreihe 18, Paderborn, 1987, S. 6.
[106] Hohmann: Aufbruch, S. 14.
[107] Czapski: Eisenbahn, S. 8.

Im Jahr 1852 wohnten etwa 11 000 Menschen in der Stadt. Diese Zahl sollte sich bis zum Ausbruch des Zweiten Weltkrieges vervierfachen. So lag der Bahnhof dann während des Krieges nicht im Zentrum, aber doch sehr nah am Stadtkern. Der Hauptbahnhof lag nicht mehr auf der grünen Wiese vor den Toren der Stadt, sondern war Teil der schnell gewachsenen Stadt geworden. Er befand sich mitten in dem neuen Stadtviertel, das sich an der Bahnhofstraße zu entwickeln begann. Wenn der Bahnhof oder das Ausbesserungswerk angegriffen wurden, dann waren auch die Bahnarbeitersiedlungen und die Wohngebiete, die in der Nähe lagen, betroffen. Die Alliierten sprachen zwar von einer Transportoffensive; doch ihnen war dabei sehr wohl bewusst, dass man das Verkehrsnetz einer Stadt oder einer Region nicht chirurgisch aus dieser herausoperieren kann. Wegen der mangelhaften Zielgenauigkeit bei Nachtangriffen waren also zivile Opfer mit einkalkuliert.[108]

Davon wusste die britische Führung der Luftstreitkräfte bereits seit 1941. Bei Nachtangriffen selbst unter idealen Bedingungen musste eine bis zu zwei Quadratkilometer große Fläche rund um das eigentliche Ziel ebenfalls getroffen werden.

Deshalb kann man also nicht sagen, dass Teile der 8. US-Luftflotte am 17. Januar mit fast 400 B-17-Langstreckenbombern über Paderborn erschienen, um ausschließlich den Paderborner Güterbahnhof und andere Eisenbahneinrichtungen zu bombardieren. Die Amerikaner flogen ihre Einsätze zwar hauptsächlich am Tage, doch aus einer „Fliegenden Festung" in über 6000 Metern Höhe ist die bombardierte Stadt sehr klein. Aus diesen Höhen fallen die Bomben 40 Sekunden lang, bevor sie am Boden aufschlagen. Insgesamt wurden bei dem Angriff am 17. Januar 1945 etwa 1150 Tonnen Bomben abgeworfen.[109] Bei diesem Angriff setzten die Amerikaner auch Brandbomben ein, jedoch nicht in einem solchen Umfang wie am 27. März. Es wurden 305 Brandbomben und 2941 Sprengbomben abgeworfen.[110] Die Schneise der Vernichtung, die die Amerikaner in acht aufeinanderfolgenden Angriffswellen in die Stadt schlugen, zog sich durch die gesamte Innenstadt.[111] Die Bombardierung durch Bombenteppiche war den Amerikanern sehr wohl bekannt. Wollte man jedoch ein spezielles Ziel

---

[108] Vgl. Webster: Offensive [Bd. 4], S. 458. Die geringste angenommene Abweichung vom Ziel beträgt in einem Rechenexempel für Nachtangriffe auf eine Ölraffinerie 300 Yards (270 Meter), und der größte Abwurffehler liegt bei 1000 Yards (914 Meter) – bei einer Abwurfmenge von 400 500-Pfund-Bomben.

[109] Vgl. Christians, Hermann [Red.]: 75 Jahre Ausbesserungswerk Paderborn – 130 Jahre Werkgeschichte in der Paderstadt, Paderborn, 1988, S. 51. In diesem Buch werden alliierte Einsatzlisten zitiert: „Angriff am 17. Januar 1945: Angriffsziel: Güterbahnhof; Angriffszeit 12:30 bis 12:56 Uhr; Bomber: 397 B17 der USAF; Flughöhe: 6100 bis 7412 m; Verluste: eine Maschine; Bomben: 1.485 zu je 45,4 kg und 1.456 zu je 227 kg Sprengbomben; 144 zu je 45,4 kg und 161 zu je 227 kg Brandbomben."

[110] Ebd., S. 51.

treffen, dann wurde dieses zunächst mit Markierungsbomben gekennzeichnet, und anschließend folgten dann die Bomber in Wellen, um immer wieder das gleiche Ziel anzugreifen.

Bei diesem Verfahren kam es jedoch immer dazu, dass die Bombenschützen ihre Bomben einen Bruchteil früher abwarfen als die vorherfliegenden Bomber. Am Boden bedeutete dies, dass die Bomben nicht an einem Punkt einschlugen, sondern in einer Linie, die dem angreifendem Bomberstrom entgegenrollte. Für die Markierer bedeutete dieses Phänomen, dass sie die Markierungsbomben nicht am eigentlichen Ziel absetzen durften, sondern hinter diesem. Dadurch wurde erreicht, dass der zurückkriechende Explosionsstrom auch das Ziel traf.

Wäre die Stadt das Hauptziel gewesen, dann wären die Bomber in weniger, aber größeren Gruppen über die Stadt geflogen und hätten die Bomben gleichzeitig abgeworfen, um die höchstmögliche Dichte an Treffern zu erreichen und die Stadt durch unzählige Brände auszulöschen. Am 17. Januar jedoch scheint der Angriff wirklich gegen den Bahnhof gerichtet gewesen zu sein. Dafür sprechen alle Hinweise und auch die alliierten Einsatzlisten[112], die den Angriff am 17. Januar auflisten. Dieser Angriff forderte etwa 240 Todesopfer.

Als die Alliierten ihre Angriffsweise nach dem Krieg weiter verfeinern wollten, wurden in ganz Europa die Schäden und Opferzahlen festgehalten. Man versuchte, eine Kosten-Nutzen-Rechnung aufzustellen. Besonders interessierten sich die Engländer und Amerikaner für die Auswirkungen ihrer Angriffe auf die deutsche Industrie. Die Angriffe, die direkt auf die Rüstungsbetriebe geflogen wurden, hatten bis zum Herbst 1944 wenig Erfolg gezeigt. In diese Zeit fällt dann auch der Beginn der alliierten Transportoffensive. Albert Speer, der Reichsminister für Rüstung und Kriegsproduktion, sagte bei seiner Befragung am 18. Juli 1945, die Bombenangriffe auf das Transportwesen seien seit dem Herbst 1944 besonders gravierend gewesen. Doch der Effekt dieser Angriffe, so Speer weiter, sei erst sehr spät eingetreten, da das deutsche Verkehrsnetz sehr dicht gewesen sei.[113] Die Dichte des deutschen Verkehrswesens habe also die Wirkung erst zeitverzögert eintreten lassen, da die Bahn genug Ausweichstrecken gehabt habe, um bombardierte Bereiche zu umfahren. Erst die Offensive gegen das Transportwesen als solches habe zum Erfolg geführt, da vor diesem Zeitpunkt nur punktuell das Verkehrsnetz „mit getroffen"

---

[111] Hüser, Karl: Zwischen Kreuz und Hakenkreuz – Das Amt Kirchborchen und seine Gemeinden im „Dritten Reich" 1933-1945, Greifswald, 1997, S. 79.
[112] Christians: Ausbesserungswerk, S. 51.
[113] Webster: Offensive [Bd. 4], S. 382.

worden sei. Als die Alliierten begannen, das Schienennetz zu bombardieren, indem zum Beispiel auch eventuelle Ausweichstrecken mit zerstört wurden oder man sich auf transporttechnische Nadelöhre stürzte, wie der Altenbekener Viadukt eines war, trat langsam eine größere Wirkung ein.

Die Amerikaner hatten aus ihren Luftangriffen in Frankreich und Belgien gelernt, dass Schäden von Bombenangriffen teilweise sehr schnell repariert werden konnten, es sei denn, das entsprechende Ziel wurde permanent angegriffen.[114] Das erklärt auch die immer wiederkehrenden kleinen Angriffe auf das Paderborner Schienennetz. Die Alliierten wollten es zerstören und sicherstellen, dass es auch so blieb.

Am 26. März gingen die Kämpfe auf der linken Rheinseite unvermindert weiter. Auf der gesamten Breite zwischen Bonn und Koblenz trieben drei amerikanische Panzerdivisionen einen Keil zwischen die Heeresgruppe B im Norden und die Heeresgruppe G im Süden. Unterstützt wurden diese gepanzerten Kräfte durch fünf Infanteriedivisionen. Diese Divisionen kamen jedoch nur relativ langsam voran und konnten mit dem raschen Vorgehen der Panzer nicht mithalten. Danach drehten die Infanteriedivisionen nach Norden ab und errichteten entlang der Sieg eine Frontlinie.[115] Die Panzer hingegen setzten ihren Weg nach Osten fort. Diese Tatsache blieb auch Generalfeldmarschall Kesselring nicht verborgen. Diese Phase des Kampfes bezeichnet er in seinem Buch „Soldat bis zum letzten Tag" als die zweite Phase, in der man:

> „die vorgeprellten Feindkräfte in der Front aufhalten, die Straßen hinter den einzelnen Kolonnen sperren [müsse], um durch Flankenangriffe mit panzerbrechenden Waffen jeder Art die auf sich angewiesenen feindlichen Panzerkräfte anzugreifen und zu vernichten".[116]

In diesen Tagen war Kesselring, der Oberbefehlshaber West, zum letzten Mal im Gefechtsstand von Generalfeldmarschall Model, dem Befehlshaber der Heeresgruppe B. Beide sahen die Problematik der Einkesselung, und Model überlegte, ob sich seine Heeresgruppe nicht nach Süden verlegen und wieder Verbindung zur Heeresgruppe G aufnehmen sollte. Doch dieser Plan war nicht mehr durchführbar, da die Amerikaner im Süden bis zum 28. März einen 20 Kilometer breiten und über 40 Kilometer tiefen Korridor freigekämpft hatten. Die „kräftemäßig weit überlegenen" Amerikaner griffen

---

[114] Webster: Offensive [Bd. 3], S. 247.
[115] Kesselring: Soldat, S. 364.
[116] Ebd., S. 364.

hier mit „*stärkster Luftunterstützung*"[117] laufend an. Der einzige Erfolg versprechende Ausbruchsversuch konnte daher nur nach Osten zielen.[118] Durch den alliierten Keil wurde auch die Verbindung zwischen den Heeresgruppen B und G unterbrochen. Das LIII. Korps von General Bayerlein erhielt daher seine Befehle von Model und nicht von Zangen, der die Heeresgruppe G befehligte. Die Gruppe Bayerlein sollte sich hinter die Sieg zurückziehen und sich auf einen Gegenangriff in die amerikanische Flanke vorbereiten.[119] Nur durch solche Angriffe wäre ein schnelles Vorgehen der 3. US-Panzerdivision und der anderen Verbände zu verhindern gewesen. Doch die Gruppe Bayerlein war zu schwach für einen solchen Angriff.

Dienstag, der 27. März

Schon lange vor dem Beginn des europäischen Krieges, der dann 1941 mit dem Unternehmen Barbarossa zum Zweiten Weltkrieg wurde, stellten die Engländer Überlegungen an, wie ein Krieg mit dem Deutschen Reich verlaufen könnte. Bereits gegen Ende des Ersten Weltkrieges hatten sie die Bedeutung der Luftwaffe erkannt. Im Jahr 1936 dann sahen die englischen Generäle den sich immer stärker abzeichnenden Waffengang so:

> „*Nachdem Deutschlands Offensive aufgehalten wurde, müssen wir vorbereitet sein, um in die zweite Phase des Krieges einzutreten. Während dieser Phase müssen wir unsere industrielle Produktion steigern, besonders an Flugzeugen und Munition, gleichzeitig müssen wir die deutsche Produktion reduzieren.*"[120]

Während des Krieges trat dann jedoch ein Sinneswandel ein. Die blutigen Erfahrungen mit der deutschen Luftwaffe in der Schlacht um England und später mit den Vergeltungswaffen 1 und 2 haben die Verantwortlichen umdenken lassen. Nicht mehr länger sollten ausschließlich die Waffenfabriken und ihre Zulieferbetriebe angegriffen werden, sondern die Transportwege zwischen diesen und den Soldaten. In der Direktive Nr. 3 an die Alliierten Luftstreitkräfte vom 15. Januar 1945 werden entsprechend folgende Befehle gegeben:

> „*Die deutschen Nachschubwege: Die Operationen der Strategischen Luft Streitkräfte sind gegen die feindlichen Nachschub- und*

---

[117] Ebd., S. 368.
[118] Ebd., S. 365.
[119] MacDonald, Charles Brown: The Last Offensive, Washington, D. C., 1973, S. 350.
[120] Auszug aus dem Vorschlag des Joint Planning Sub-Committee für den Fall eines Krieges mit Deutschland im Jahr 1939. Der Bericht wurde bereits am 26. Oktober 1936 erstellt, in: Webster: Offensive [Bd. 4], S. 88.

Versorgungswege zu richten. Die Einheiten, die im Vereinigten Königreich stationiert sind, werden sich auf das Ruhrgebiet konzentrieren."[121]

In der Zeit vom 1. Januar 1945 bis zum Ende des Krieges zielten mehr als 50 Prozent der von US-Bombern abgeworfenen Bomben auf Eisenbahnanlagen. Nur knapp ein Prozent aller Bomben wurde ausdrücklich über städtischen Siedlungskernen entladen. Bei den Engländern hingegen zielten fast 40 Prozent der Angriffe im selben Zeitraum auf Städte und Ortschaften. Etwa 30 Prozent der abgeworfenen Bomben waren bei diesen Angriffen Brandbomben. Auch berücksichtigten sie mit nur zehn Prozent aller Angriffe die Eisenbahnziele sehr wenig. Die Amerikaner, die tagsüber angriffen, konzentrierten sich stärker auf Punktziele, während die englische Luftwaffe in der Nacht ihre Bomben auf Flächenziele entlud.[122]

Die Stadt Paderborn stellte den äußersten Punkt des Ruhrgebietskessels dar, und aufgrund der besonderen Bedeutung im Verkehrssystem[123] war sie bis zuletzt für die Versorgung der Heeresgruppe B wichtig beziehungsweise stellte den letzten Korridor in und aus dem Ruhrkessel heraus dar. Der Air Chief Marshal A. W. Tedder schrieb in einer Notiz am 25. Oktober 1944, warum die Bombardierung der Nachschublinien so wichtig sei:

„Die Bevölkerung der Städte hat sich vielleicht in den Untergrund verzogen, doch ohne eine funktionierende Versorgung an der Oberfläche muß sie verhungern. […] Daß die Armee auf Nachschub angewiesen ist, bedarf keiner weiteren Erklärung."[124]

Dieser Gedanke wurde auch auf die Wirtschaft übertragen: Ohne Nachschub war keine Produktion und auch kein sinnvoller Widerstand mehr möglich. So kann man nun erkennen, aus welchem Grund Paderborn wohl angegriffen wurde. Man wollte die Insassen des Kessels aushungern. Die Meinungen über den Grund für die Bombardierung von Paderborn so kurz vor dem Ende des Krieges gehen sehr weit auseinander. Willi Mues kommt in seinem Buch „Der Große Kessel" zu einem ähnlichen Schluss:

„Als Verkehrsknotenpunkt im ostwestfälischen Raum, am Fuße des Teutoburger Waldes/Eggegebirge gelegen, war die Stadt in den Planungen der Alliierten ein wichtiger Punkt. Hier sollten sich

---

[121] Webster: Offensive [Bd. 4], S. 181.
[122] Aders: Bombenkrieg, S. 54.
[123] Hüser, Karl: Das 19. und 20. Jahrhundert – Traditionsbindung und Modernisierung (Band 3), in: Paderborn – Geschichte der Stadt in ihrer Region, Paderborn, 1999, S. 251.
[124] Webster: Offensive [Bd. 4], S. 290.

bekanntlich die alliierten Armeen treffen, um den Kessel um das Ruhrgebiet zu schließen. Auch militärisch war Paderborn nicht unbedeutend. Neben einigen Garnisonen gab es im Süden der Stadt einen größeren Flugplatz und nördlich von Paderborn in der Senne den weithin bekannten Truppenübungsplatz Sennelager und die Garnison von Schloß Neuhaus."[125]

Die militärische Bedeutung von Paderborn in den letzten Kriegswochen ist relativ leicht einzuordnen: Es gab keine. Die Piloten flogen keine Einsätze mehr, und die wenigen noch funktionstüchtigen Flugzeuge standen in den Hallen in Paderborn. Die Rolle des Flughafens ist absolut unbedeutend. Lediglich die hier eingesetzten Flugabwehrgeschütze und ihre Bedienmannschaften hatten einen gewissen militärischen Wert. Die Aufstellung der Waffen-SS-Ersatzbrigade „Westfalen" war nicht vorauszusehen, und für den Verlauf der Kämpfe südlich von Paderborn hatte sie kaum Bedeutung. Einzig die schwere Panzerabteilung 507 (Tiger) hatte einen Effekt auf die Gefechte. Die Bedeutung als Verkehrsknotenpunkt jedoch war nicht unerheblich. Während sich die alliierten Truppen langsam nördlich und südlich des Ruhrgebietes vorkämpften, war Paderborn die letzte Verbindung zwischen den Eingeschlossenen und dem übrigen Deutschland.

Der Berliner Journalist Jörg Friedrich geht in seinem Buch „Der Brand" auch auf die Zerstörung Paderborns ein. Dieses Buch markiert einen Wendepunkt in der Bearbeitung des Bombenkrieges. Eine überwiegend deutsche Opfer-Perspektive wird thematisiert und bringt wichtige Impulse nicht nur für die mediale und öffentliche Wahrnehmung, sondern auch für die Geschichtswissenschaft. Diese neue Sichtweise auf den Bombenkrieg kann jedoch auch leicht als Relativierung der deutschen Kriegsverbrechen missverstanden werden. Besonders in rechtsradikalen Kreisen wurde diese Diskussion so verstanden. In seinem Buch „Der Brand" spricht Friedrich von Luftschutzkellern, die zu Krematorien wurden, und von Menschen, die durch die Brandrauchgase in den Bunkern vergast wurden. Diese Wortwahl, die sehr stark an den Holocaust erinnert und vielleicht auch erinnern soll, dient nicht dazu, die Diskussion zu entschärfen, sondern im Gegenteil: Sie heizt sie weiter an.

Im Fall der Stadt Paderborn sieht Jörg Friedrich die Ursache für den Luftangriff vom 27. März eindeutig im Zusammenhang mit der Einkesselung des Ruhrgebietes:

---

[125] Mues: Kessel, S. 145.

„Das Verderben ereilte die Stadt erst am 27. März, als 276 Maschinen Bomber Commands in akkuratem Abwurf die Altstadt in weniger als fünfzehn Minuten dem Flammentod übergaben, sollten aus ihr keine Störaktionen hervorgehen, wenn vor ihren Toren der Ruhrkessel abgeschlossen würde.“[126]

Mit dem Begriff „Störaktionen“ deutet Friedrich auf ein militärisches Potenzial innerhalb der Stadt hin, das es zu dem Zeitpunkt schon nicht mehr gab. Die Tatsache, dass es in Paderborn einen Flughafen, mehrere Kasernen und den Truppenübungsplatz Senne gab, scheint allerdings auf ein militärisches Potenzial hinzuweisen. Eventuell wurde diese Tatsache auch von den Alliierten ähnlich interpretiert. Auf die Verkehrswege in und um Paderborn und ihre Bedeutung für die Schlacht um das Ruhrgebiet geht Friedrich gar nicht ein.

Der Bielefelder Historiker Hans-Jörg Kühne schließt sich der Meinung Friedrichs an und schreibt:

„Als besonders wünschenswert erschien den Amerikanern die baldige Einnahme Paderborns. Hier vermuteten sie wegen der umliegenden Einrichtungen der Luftwaffe und des Heeres starken Widerstand deutscher Kräfte. Man hatte deshalb die Briten um Hilfe gebeten. Sie sollten die Stadt mit einem massiven Schlag aus der Luft gleichsam sturmreif schießen. Die RAF ließ sich nicht lange bitten.“[127]

Diese Erklärung ist jedoch nicht durch die Tagebücher der RAF zu belegen. Dort heißt es am 27. März: "*268 Lancasters and 8 Mosquitos to attack Paderborn where American troops were attempting to complete the encirclement of the Ruhr.*"[128] Die RAF griff also nicht in die Bodenkämpfe ein, sondern bombardierte die Stadt Paderborn als solche. Dieser Hinweis in den Operationstagebüchern der Engländer zeigt allerdings auf, dass die RAF von den Plänen der US-Armee wusste und sie auch dabei indirekt unterstützte. Die Formulierung *„sturmreif schießen“* suggeriert eine direkte Verbindung zwischen Luftangriff und Eroberung. Die Bombardierung erscheint als Mittel zum Zweck. Die Engländer griffen die Stadt an, da hier ein besonders starker Widerstand vermutet wurde. Tatsächlich formierte sich der militärische Widerstand jedoch in der Senne. Die Aufstellung der Ersatzbrigade „Westfalen“, wie auch immer ihr militärischer Wert

---

[126] Friedrich: Brand, S. 202.
[127] Kühne: Paderborn, S. 35.
[128] Vgl. http://www.raf.mod.uk/bombercommand/mar45.html. – zuletzt besucht am: 05.03.2005 um 13.50 Uhr.

einzuschätzen war, war der Kern der deutschen Verteidigung südlich von Paderborn. Die Amerikaner waren an diesem Tag jedoch noch mehr als 140 Kilometer entfernt, und es sollte ihnen innerhalb der nächsten fünf Tage nicht gelingen, Paderborn zu erobern. Karl Hüser sieht im dritten Band der Stadtgeschichte von 1999 die Bombardierung der Stadt im direkten Zusammenhang mit deren Eroberung. Die amerikanischen Truppenverbände, die Paderborn erobern sollten, waren am 27. März 1945 in Altenkirchen zwischen Bonn und Siegen. Der Befehl, nach Norden zu schwenken und Paderborn zu besetzen, erreichte die Truppe erst am 28. März, und am darauffolgenden Tag begann dann der Angriff um sechs Uhr morgens.[129] Ziel war es, die Stadt vor Dunkelheit zu erreichen, was etwa 50 Stunden nach dem Angriff gewesen wäre. Der zeitliche Zusammenhang zwischen der Bombardierung durch die Engländer und der geplanten Eroberung durch die Amerikaner betrug etwa zwei Tage. Inwieweit man diesen Abstand als eng oder weit bezeichnet, liegt im Ermessen des Lesers.

Der Grund für die Zerstörung Paderborns war nicht das Sturmreifschießen einer Festung und auch nicht die Demoralisierung der Paderborner. Wahrscheinlicher handelt es sich bei diesem letzten vernichtenden Angriff um eine vorzeitige Schließung des Ruhrkessels. Indem die Stadt unpassierbar gemacht wurde, und davon spricht auch der geheime Tagesbericht der deutschen Wehrmachtsführung,[130] verhinderten die Alliierten schon fünf Tage vor der Kesselschließung die weitere Versorgung der deutschen Truppen im Ruhrgebiet. Die Eisenbahnstrecke und die Reichsstraße 1 waren für Wochen unbefahrbar. 300 000 Mann einzuschließen und auszuhungern, das verkürzte den Krieg und schonte die eigenen Kräfte. Am 1. April, dem Tag der Kesselschließung bei Lippstadt, waren die eingeschlossenen deutschen Truppenteile bereits fünf Tage vom Nachschub abgeschnitten.[131]

Die Alliierten wussten aufgrund ihrer täglichen Luftaufklärung genau über deutsche Truppenbewegungen im Raum Paderborn Bescheid. In Sennelager war die schwere Panzerabteilung 507. Diese Einheit bildete die einzige Einheit mit wirklich schweren Waffen im Raum Paderborn. Sie hatte in Russland ihre Panzer verloren und sollte nun in Sennelager mit dem Tiger 2, dem Königstiger, ausgerüstet werden. Zunächst waren nur zwei Kompanien im Raum Paderborn, die 2. und 3. Kompanie der Abteilung 507.

Die einzigen Einheiten, die in Paderborn noch Waffen zur Fliegerabwehr

---

[129] After Action Report des Hauptquartiers der 3. US-Panzerdivision, März 1945, Anhang 2, S. 6.

[130] Vgl. Schneider, Helmut [Hg.]: Chronik 507 – Die Geschichte der s.Pz.Abt. 507 (Tiger) 1943-1945, ohne Ort, 1992, S. 241: „Die Durchfahrt durch das völlig zerstörte Paderborn war zeitraubend."

[131] Der letzte Angriff auf Paderborn, bei dem die Straßen und Gleise beschädigt oder verschüttet wurden, fand am 27. März um fünf Uhr statt. Die Amerikaner schlossen den Ruhrkessel am 1. April nachmittags um halb fünf bei Lippstadt. Zwischen diesen beiden Ereignissen liegen etwa fünf Tage.

besaßen, waren die leichte Flakabteilung 46 und die verschiedenen Teile der Heimatflak. Die Bewaffnung der etwa 260 Mann starken Truppe, die am Flughafen eingesetzt war, bestand aus mehreren leichten Flakkanonen.[132]

Es gibt keine gesicherten Informationen über die Gesamtstärke der in Paderborn liegenden Truppenteile. In „Paderborn wurden mehr als 1.200 deutsche Soldaten gefangen genommen, darunter etwa 500 Kranke und Verwundete in den Lazaretten".[133] Im Nachlass Esser[134] finden sich Hinweise auf einzelne Truppenverbände und deren Personalstärke. Demnach waren im Raum Paderborn im März etwa 3200 deutsche „Soldaten" eingesetzt. Nicht nur Verbände der Wehrmacht, sondern auch paramilitärische Verbände werden in diesen Unterlagen geführt. So findet sich zum Beispiel ein Hinweis auf das Nationalsozialistische Kraftfahrer-Korps (NSKK-Kolonne 120), das mit einem Offizier und 23 Mannschaften aufgeführt wird. Aber auch das Heeresverpflegungsamt und die Standortverwaltung wurden als Kampfverband geführt. Wie viele Soldaten getötet wurden oder sich absetzten, ist unbekannt. Aus diesem Grund ist es schwierig, eine Zahl zu nennen.

Am 27. März standen die alliierten Bodentruppen noch mehr als 140 Kilometer vor Paderborn. Es sollten noch fünf Tage vergehen, bis die Amerikaner die Stadt eroberten. Der Bodenkrieg trat nun in seine letzte und entscheidende Phase. An diesem Tag sammelten sich die 3. US-Panzerdivision und die 104. US-Infanteriedivision im Raum Marburg.

Im Folgenden möchte ich näher auf den Luftangriff des 27. März eingehen und auch die verschiedensten Zeitzeugenaussagen hier wiedergeben. Der Ablauf dieses letzten schweren Angriffes lässt sich anhand des geheimen Tagesberichtes der Wehrmachtsführung sehr gut rekonstruieren. Um 16.40 Uhr erfasste die deutsche Luftabwehr einen stärkeren englischen Kampfverband mit etwa 200 Flugzeugen der 1. und 8. Bomber Group über Eindhoven. Der Verband befand sich auf Ostkurs. Gegen 16.50 Uhr überquerte der Verband die Reichsgrenze bei Venlo und blieb auf Ostkurs. Die englischen Bomber flogen südlich des Ruhrgebietes über Düsseldorf und änderten hier ihren Kurs auf Nordost. Sie überflogen Remscheid, kamen östlich an Hagen vorbei und flogen östlich von Hamm nach Ostwestfalen hinein. Etwa eine Stunde nach der ersten Erfassung erreichten die Flugzeuge Paderborn. Von 17.35 Uhr bis 17.45 Uhr wurde laut geheimem Tagesbericht der Wehrmachtsführung Paderborn angegriffen. Die Bomber gingen dann auf Westkurs und verließen um 18.15 Uhr das Reichsgebiet wieder. Etwa

---

[132] Becker: Kriegsende, S. 27.
[133] Ebd., S. 27.
[134] StadtA PB: (S 1/48/1).

50

80 Jäger boten einen guten Schutz gegen jeden deutschen Versuch, diesen Verband anzugreifen.[135]

Aus der Sicht der Paderborner, die den Radiosender „Primadonna" eingeschaltet hatten, ergab sich folgendes Bild:

> *„Gegen 17 Uhr meldete der Warndienst das Einfliegen starker Bomberverbände auf West- und Norddeutschland. 17,15 Uhr Voralarm. Bomberverbände nordostwärts durchfliegen Raum Gütersloh. 17,30 Uhr Vollalarm. Und nun dröhnen sie heran, als erbebe der ganze Luftraum."[136]*

Der geistliche Rektor des Brüderkrankenhauses hörte auch Radio:

> *„Schwerer Bomberverband mit Jagdschutz. Einflug über Siegen. Nordostwärts Richtung Gütersloh. [...] Die Spitzen schwenken nach Süden ein. Richtung Konrad-Siegfried. Kein Zweifel: Wir! Primadonna sagt es sogar ausdrücklich: Paderborn!"[137]*

In dem Buch von Heinz Meyer „Luftangriffe zwischen Nordsee, Harz und Heide" wird auch von diesem Angriff auf Paderborn berichtet:

> *„Als sodann der Luftangriff auf Paderborn beginnt, wohnen noch etwa 6.000 Menschen in der Stadt. In den späten Nachmittagsstunden (17.24 Uhr) werfen britische Bomberverbände ihre todbringende Last ab. Für die restlichen Bewohner scheint die Stadt unterzugehen. Eine halbe Stunde lang prasselten etwa 3.000 Sprengbomben, 60-70.000 Brandbomben und etwa 50 Luftminen auf alle Stadtteile. 80 % dieser alten Stadt Paderborn ist zerstört. [...] Es sind 344 Paderborner Bürger zu Tode gekommen. Im Laufe des Nachmittags wurde die Luft um Paderborn kilometerweit trübe und grau wie bei einer Sonnenfinsternis. In entfernten Orten rieselte langsam aus der Luft verbranntes Papier und Asche."[138]*

An diesem Tag war der Angriff auf Paderborn der schwerste Angriff, der gegen eine deutsche Stadt dieser Größe überhaupt geflogen wurde.[139]

---

[135] Vgl. Mehner: Tagesberichte, S. 329.

[136] Kiepke, Rudolf: Paderborn. Werden – Untergang – Wiedererstehen, Paderborn, 1949, S. 50.

[137] Ebd., S. 61.

[138] Meyer: Nordsee, S. 183.

[139] Unter der Voraussetzung, dass der geheime Tagesbericht der Wehrmachtsführung an diesem Tag lückenlos ist, trifft die Aussage zu. Ein anderer schwerer Angriff wurde gegen das Treibstofflager Farge bei Hannover geflogen. Bei diesem Angriff wurden 600 Sprengbomben abgeworfen, fünf Personen starben und 50 weitere wurden verletzt. Vgl. Mehner: Tagesberichte, S. 329.

Auch der Paderborner Feuerwerker[140] Josef Kievelitz beschreibt den 27. März in seiner Autobiografie:

> „[…] *da gab es Voralarm, es war 17 Uhr 15. Es waren keine zehn Minuten vergangen, da heulten die Sirenen Vollalarm. Ich ging in den Hof, da hörte ich schon das dumpfe Brummen der herannahenden Flugzeuge, dann einen scharfen Knall, das war das Signal ‚Ziel erreicht, Bombenschächte öffnen.'"[141]*

Abbildung 9: Blick auf zerstörte Abdinghofkirche von Westen; 1945
Foto: Stadtarchiv Paderborn/Zecher

---

[140] Der Verfasser Josef Kievelitz war Feuerwehrmann in der Werksfeuerwehr der Bahn-Ausbesserungswerke Paderborn. Er wurde dann zum Feuerwerker ausgebildet und war für die Entschärfung von Fliegerbomben zuständig. Vgl. Kievelitz, Josef: Zwischen Kaiserreich und Wirtschaftswunder, Paderborn, 1990, S. 103.
[141] Ebd., S. 105.

Die Kriegschronik schildert diesen Tag sehr anschaulich:

„Alle Luftangriffe, die seit dem Beginn dieses Krieges Paderborn trafen, und alle Katastrophen, welche die Paderstadt im Laufe ihrer 1000jährigen Geschichte erlebte, wurden weit in den Schatten gestellt durch den Luftangriff, der von an 300, von ebenso vielen Jagdflugzeugen gesicherten, amerikanischen[142] Kampfbombern[143] am Abend des 27. März 1945 gegen Paderborn geführt worden ist. Schwer schon waren die Schäden, die durch die Luftangriffe am 17. Januar, 22. Februar, 10. & 22. März usw. dem Stadtbild und der Bevölkerung zugefügt worden waren. Diesmal machte die brutale Entwicklung des Luftkrieges ganz Paderborn zu einem einzigen Trümmerhaufen mit der Vernichtung all der reichen Kulturbauten, fast aller öffentlichen Gebäude und Krankenhäuser und von Menschenleben, deren Zahl Mitte April noch nicht feststand, die aber auf bis 6000 (!) geschätzt wurde. Kurz vor 17 Uhr 30 erschienen die Bombergeschwader über dem Weichbilde der Stadt, kaum war die Sirene erklungen, begann auch schon um 17 Uhr 30 der Angriff, der 22 Minuten dauerte und eine geradezu furchtbare ,Ernte' hielt. Luftminen in großer Zahl, ungezählte Tausende von Sprengbomben, Phosphorkanister und Brandbomben wurden auf das gesamte Weichbild der Stadt in einer Dichte geschleudert, dass auch keine Strasse und keine Gasse der Innen- wie Aussenstadt verschont geblieben ist."[144]

Hans-Dieter Brinkmann erlebte diesen Luftangriff als 15-Jähriger: *„Da kam alles vom Himmel: hauptsächlich Brand- und Phosphorbomben, dazwischen Luftminen."*[145] Im Tagesbericht der Wehrmachtsführung heißt es an diesem Tag:

„Zu den Einflügen 16.50 Uhr – 18.15 Uhr: Einflug von etwa 200 englischen Kampfflugzeugen zum Angriff auf Paderborn. Paderborn: Ab 17.40 Uhr zahlr. Sprb. Schwerer Angriff auf gesamtes Stadtgebiet. Starke Brände. Einzelheiten stehen noch aus."[146]

Olaf Groehler geht in seinem Buch „Bombenkrieg gegen Deutschland" auf den Angriff auf Paderborn ein. In einer Tabelle über die schwersten Angriffe

---

[142] Hier irrt der Chronist, es handelte sich eindeutig um englische Bomber.
[143] Vgl. Mehner: Tagesberichte, S. 329. Hier heißt es: „[...] *etwa 200 englischen Kampfflugzeugen*". Entsprechende Angaben finden sich auch bei Reller: Ruinen, S. 66.
[144] StadtA PB: (A 5461).
[145] Pöppinghege, Rainer: Leben an der Pader – Alltag in Paderborn 1914-1960, Münster, 2000, S. 80.
[146] Mehner: Tagesberichte, S. 329.

1945 steht, dass die Stadt von 276 Flugzeugen angegriffen wurde, die 686 Tonnen Spreng- und 567 Tonnen Brandbomben abwarfen.[147] Im Operationstagebuch der Royal Air Force heißt es dazu, dass 268 Lancaster-Bomber und acht Mosquito-Jagdbomber die Stadt angriffen. Trotz Wolken sei der Angriff sehr präzise gewesen, und die Stadt sei in weniger als einer halben Stunde zerstört worden.[148] Michael Weber schreibt in seinem Buch, dass 262 AVRO Lancaster und vier Mosquito-Jagdbomber die Stadt angriffen.[149] Diese Zahlen decken sich in etwa mit den Angaben der Royal Air Force.

Rudolf Kiepke schildert den letzten Luftangriff auf die Stadt sehr eindrucksvoll:

> *„Paderborn brannte. Ein einziges ungeheures Flammenmeer. Über die untere Königsstraße und die Kisau raste das Flammenmeer. Die Steine brannten, es war kein Durchkommen. Es ist ein grausiges Bild, die Stadt zu sehen, über der himmelhohe Flammen und eine einzige dicke Rauchsäule stehen. In das Stadtzentrum einzudringen, ist wegen des Flächenbrandes und des Luftsogs nicht möglich. Wer bis zum Feuerstrom die Stadt nicht hat verlassen können, ist in den Flammen oder durch einstürzende Häuser umgekommen. Flammen schlagen über die ganze Straßenbreite. Außerdem gehen immer noch Blindgänger hoch, eine Rettungsaktion kann also in größerem Maße noch nicht eingeleitet werden.“[150]*

Einige Häuser brannten noch, als die Amerikaner am Ostersonntag in die Stadt kamen. Heribert Reller kann sich noch gut an diesen letzten Angriff erinnern, den er als Evakuierter in Hövelriege (etwa 25 Kilometer nordwestlich von Paderborn) miterlebte:

> *„[…] am 27. März 1945 haben wir dann von dort aus gesehen, wie der Himmel purpurrot war und wie der Großangriff Paderborn in Schutt und Asche legte. Selbst der Taghimmel war blutrot.“[151]*

---

[147] Groehler: Bombenkrieg, S. 422.

[148] Tagebuch der RAF im Internet: [http://www.raf.mod.uk/bombercommand/mar45.html] – zuletzt besucht am 05.03.2005 um 13.50 Uhr.

[149] Weber, Michael: Erinnerungen an den Krieg – Aus Etteln an der Altenau bei Paderborn, Paderborn, 2005, S. 12.

[150] Kiepke: Schicksalschronik, S. 52ff.

[151] Pöppinghege: Alltag, S. 77.

Abbildung 10: Liboristraße: mit Brauerei Schwarze und Bonifatius-Druckerei von Süden, 1945/46
Foto: Stadtarchiv Paderborn/Jurowsky

Zunächst beschreiben die Augenzeugenberichte die Lagemeldungen des Luftwarndienstes. Ohne große Umwege flogen die englischen Bomber nach Paderborn. Es gab keinerlei Versuche, die deutschen Luftwarndienste zu täuschen. Die dann folgenden Zeitzeugenberichte beschreiben den eigentlichen Angriff. Alle Quellen berichten übereinstimmend von einem gewaltigen Feuer in der Paderborner Innenstadt. Besonders Rudolf Kiepke beschreibt den Brand der Stadt. Das Phänomen, welches er als „Feuerstrom" bezeichnet, scheint ein „Feuersturm" gewesen zu sein. Er spricht von einem Luftsog und einem Flächenbrand, wie er für einen solchen Brand typisch ist. Noch aus 25 Kilometer Entfernung konnte man den Brand sehen. Die Kriegschronik spricht von bis zu 6000 Toten. Diese Zahl entspricht der Anzahl der in der Stadt verbliebenen Paderborner Bürger.[152] Wahrscheinlich hatte der Feuersturm beim Verfasser der Kriegschronik den Anschein hervorgerufen, dass dort niemand überlebt haben könnte. Der Paderborner Luftschutz sprach nach dem Angriff von 455 Toten, 580 Verletzten und

---

[152] Vgl. StadtA PB: (S 1/48/1). Für den 31. März wird die Gesamtbevölkerung mit 5003 Personen angegeben. Zählt man die Toten und Verletzten hinzu, kommt man auf die Zahl 6000.

4013 evakuierten Personen. Als Todesursachen werden in diesem Dokument Sprengbombentreffer, Verschüttungen und Verbrennungen angegeben.[153]

Die Brände, die im Stadtzentrum ausgebrochen waren, waren durch die örtlichen Feuerwehrkräfte nicht zu löschen. Daher wurde nach dem Angriff von Leutnant Boege, der der örtlichen Luftschutzleitung angehörte, die Luftschutzabteilung (mot.) 39 alarmiert mit der Bitte um Hilfe bei der Brandbekämpfung.[154] Dies geschah jedoch erst eine Stunde nach dem Angriff. Was die Alarmierung verzögerte, ist nicht mehr nachzuvollziehen. Fest steht nur, dass diese Feuerwehrabteilung um 19 Uhr alarmiert wurde und um 20.10 Uhr mit 20 Löschfahrzeugen und drei Kompanien Paderborn erreicht hat. In dem ersten Bericht des Majors dieser Einheit um 23 Uhr vom selben Tag heißt es: *„Löscharbeiten sind in vollem Gange, Dauer des Einsatzes noch nicht zu übersehen."* Zum Ausmaß der Brände steht nur der Vermerk: *„Lage: Einzelbrände, zum größten Teil Totalbrände."* Obwohl es laut der „Skizze der Anmarschwege, Lotsenstellen und Wasserentnahmestellen des LS-Ortes II. Ordnung Paderborn"[155] mehr als 25 Wasserentnahmestellen in der Stadt gab inklusive der einzelnen Paderarme, wurden für die Löscharbeiten am 27. März nur die Pader sowie die Teiche an der Schulstraße genutzt. Diese drei Löschteiche hatten zusammen lediglich ein Fassungsvermögen von 1000 Kubikmetern Löschwasser.[156] Für die Löscharbeiten in der Stadtmitte wurde Löschwasser aus der Pader entnommen. Doch, so stellt die Kriegschronik fest, brannten viele Häuser ab, *„weil es an Feuerwehrkräften und Löschwasser fehlte"*.[157] Eine Antwort auf die Frage, warum nicht alle Löschteiche benutzt wurden, zu finden ist nur schwer möglich. Wahrscheinlich ist, dass die Löschteiche einfach nicht erreichbar bzw. nicht benutzbar waren.

Willi Mues beschreibt den letzten Angriff so:

> *„Der schwere Luftangriff vom 27. März unterbrach im Großraum von Paderborn die letzten deutschen Nachschublinien zum Ruhrgebiet, das Eisenbahnnetz und die vielen Straßenverbindungen, die sternförmig auf Paderborn zulaufen."*[158]

---

[153] Ebd.
[154] Ebd.
[155] Ebd.
[156] Vgl. StadtA PB: (S 1/48/1) Skizze der Anmarschwege, Lotsenstellen und Wasserentnahmestellen des LS-Ortes II. Ordnung Paderborn: Löschteich Bleichstraße 300 m³, Löschteich 158er-Kaserne 400 m³, zu dem Löschteich an der Husarenkaserne gibt es keine Mengenangabe, sie dürfte sich jedoch in einem ähnlichen Rahmen bewegen.
[157] StadtA PB: (A 5461).
[158] Mues: Kessel, S. 145.

Diese Feststellung fasst das ganze Ausmaß des Luftangriffes noch einmal zusammen. Der Angriff vom 27. März unterbricht die Nachschublinien und schließt dadurch den Ruhrkessel. Der Angriff ist die Schließung, und die Trümmer der Stadt sind die Sperre für die Züge und Fahrzeuge, die den Kessel verlassen wollen. Dieser letzte große Luftangriff auf die Stadt, der größte, der überhaupt auf Paderborn geflogen wurde, markiert einen entscheidenden Wendepunkt in der Kriegsgeschichte Paderborns. Zum einen war der Luftkrieg endgültig vorbei; zum anderen war der Luftangriff nur eine vorbereitende Maßnahme für die Schließung des Ruhrkessels durch die Amerikaner.

Karl Hüser und Barbara Stambolis formulieren es so: *„Die Zerstörung Paderborns […] hat man als Einleitung der Schlacht um Paderborn […] zu betrachten."*[159] Dann zitieren sie eine Meldung aus dem „Nachrichtenblatt für die amerikanische Truppe". Dort heißt es: *„Der Großangriff der Luftwaffe auf Paderborn am 27. März unterbrach die letzte Nachschublinie für Ruhr und Niederrhein."*[160] Inwieweit es jedoch Absprachen zwischen den Alliierten gegeben hat, ist mit letzter Sicherheit nicht mehr zu sagen. Einen Hinweis gibt das Operationstagebuch der Britischen Luftwaffe. Für den 27. März heißt es dort, dass die Flugzeuge Paderborn angriffen, wo[161] amerikanische Truppen versuchten, den Ruhrkessel zu schließen.[162] Doch auch das ist kein Hinweis auf einen Zusammenhang der englischen Luftangriffe und der Vorstöße der US-Armee.

Mittwoch, der 28. März

Die 3. US-Panzerdivision erreichte an diesem Tag den Raum Marburg. Von dort waren es noch mehr als 140 Kilometer bis Paderborn. Der Operationsplan sah vor, dass die Panzerdivision die Stadt einnehmen sollte. Der Angriff sollte von vier Task-Forces durchgeführt werden, die auf vier parallelen Strecken nach Paderborn vorstießen. Die Task-Forces (TF) Richardson und Hogan fuhren mit ihren Panzern auf den beiden westlichen, die TF Welborn und TF Lovelady auf den beiden östlichen Routen.[163]

Diese Task-Forces waren gemischte, voll motorisierte Verbände. Sie hatten sowohl Infanterie- und Panzer- als auch Artillerie-Einheiten. Der Zeitplan sah vor, dass dieser Panzerkeil am nächsten Morgen, dem 29. März,

---

[159] Hüser, Karl: Amt Kirchborchen, S. 81.
[160] Ebd., S. 81.
[161] Die Beziehung zwischen dem Luftangriff und den amerikanischen Truppen ist in dem Bericht eindeutig räumlich („where") und nicht zeitlich.
[162] Tagebuch der RAF im Internet: [http://www.raf.mod.uk/bombercommand/mar45.html] – zuletzt besucht am 05.03.2005 um 13.50 Uhr.
[163] Becker: Kriegsende, S. 12.

um sechs Uhr Richtung Norden antrat und die Stadt Paderborn noch am selben Tag einnehmen sollte.[164] Die Sherman-Panzer und die neuen Pershing-Panzer erreichten auf Straßen eine Höchstgeschwindigkeit von bis zu 40 Stundenkilometern. Das heißt, dass sie Paderborn bis zum Mittag erreicht haben sollten. Die Tanks der Panzer fassten genug Benzin für 160 Kilometer. Der Widerstand war bislang gering gewesen, und so war Oberstleutnant Richardson überzeugt, es an einem Tag zu schaffen.

Gründonnerstag, der 29. März

Margarete Schrader beginnt ihre Beschreibung des 29. März 1945 so: *„So viele Menschen sind umgekommen, und doch sind immer noch zu viele da. Der eine nimmt dem anderen das Brot weg und die Kohlen."*[165] Zwei Tage nach dem Luftangriff lebten nur noch etwa 5000 Menschen in der Stadt, in der zu Beginn des Monats noch über 42 000 Menschen lebten und arbeiteten.[166] Nach dem Angriff verschlechterte sich die Versorgungslage dramatisch. Sowohl Lebensmittel als auch Brennmaterial wurden schnell knapp.

Auch die Lage südlich von Paderborn spitzte sich zu. Die amerikanischen Truppen waren nur noch etwa 20 Kilometer von der Stadt entfernt. Letzte Vorbereitungen für die Verteidigung der Stadt wurden getroffen. Fahruntüchtige Panzer wurden in der Südstadt eingegraben, um so die 3. US-Panzerdivision aufzuhalten.

Sämtliche einsatzbereiten Truppen und Ausbildungseinheiten des Truppenübungsplatzes Senne wurden an diesem Tag im Raum Paderborn-Schloß Neuhaus zur Waffen-SS-Ersatzbrigade „Westfalen" zusammengefasst. Dieser Einheit wurde auch die schwere Panzerabteilung 507 angegliedert. Insgesamt verfügte der neue Verband über etwa 60 schwere Panzer.[167] Karl Hüser schreibt in seinem Buch „Zwischen Kreuz und Hakenkreuz", dass die Brigade „Westfalen" über 30 bis 40 Ausbildungspanzer[168] verfügt habe. Außerdem soll die Heerespanzerabteilung 507 etwa *„40 bis 50 fabrikneue*

---

[164] Vgl. Mues: Kessel, S. 60.

[165] Schrader, Margarete: Paderborn – Zwischen Pfauenauge und Hochschulsiegel, Paderborn, 1971, S. 9.

[166] StadtA PB: (S 1/48/1).

[167] „[…] *etwa 60 Tiger und Panther Panzer* […]." – In anderen Quellen werden noch Ausbildungspanzer vom Typ IV erwähnt, und auf einigen Fotografien (vgl. Mues: Kessel, S. 146f.) sind außerdem auch schwere Jagdpanzer (Typ: Jagdtiger 12,8 cm) zu erkennen. In der Chronik der s.Pz.Abt. 507 (S. 246) heißt es: *„Schnell wird die Einheit (2./507 und 3./507) mit den (im Sennelager) vorhandenen Königstigern, Panthern, Pantherjägern und einigen in Kassel geholten, 84 Tonnen schweren Sturmtigern ausgerüstet* […].", MacDonald: Offensive, S. 352.

[168] Diese Ausbildungspanzer waren von verschiedener Bauart, vermutlich aber Panzer IV in verschiedenen Ausführungen, wie MacDonald berichtet.

Königstiger übernommen"[169] haben. Diese Königstiger waren tatsächlich fabrikneu, es waren jedoch keine 40 bis 50, sondern lediglich 15. Die „Festung" Paderborn[170] wurde nur noch von den Einheiten auf dem Flughafen, von Ausbildungs- und Ersatzeinheiten der Paderborner Kasernen und von versprengten Soldaten gehalten.

Die Waffen-SS-Brigade „Westfalen" sollte Richtung Marsberg aufklären und dort den Gegner aufhalten.[171] Der Gegner, der dort vermutet wurde, war die 3. US-Panzerdivision, die in diesen Stunden mit aller Kraft in Richtung Paderborn vorstieß. Die deutsche Panzeraufklärungs-, Ausbildungs- und Ersatzeinheit bestand aus Infanterie, die zu Fuß Richtung Süden marschierte. Die deutsche Führung wusste zu diesem Zeitpunkt überhaupt nicht, wie die Lage genau aussah. Es gab schon lange keine Luftaufklärung mehr, und so war teilweise die Draht- und Telefon-Aufklärung die einzige Informationsquelle, die man hatte. Die Telefon-Aufklärung funktionierte denkbar einfach: Solange man ein funktionierendes Telefon und ein Telefonbuch hatte, rief man einfach alle Orte im Umkreis an und fragte nach den feindlichen Truppen und ihren Positionen.

Doch die genannte Aufklärungstruppe sollte zu Fuß aufklären. Es waren junge Männer und ihre Ausbilder[172] aus der Panzerkaserne, der Kavalleriekaserne und aus den Kasernen der Senne. Die Soldaten hatten keine Erfahrung, da sie im Durchschnitt erst 17 Jahre alt waren, und ihre Ausbilder waren meistens Kriegsversehrte, die nun Ausbildungsaufgaben hatten. Eigentlich wären diese Jugendlichen noch in der Hitlerjugend, doch die Nazi-Führung hatte sie zu Soldaten der Waffen-SS gemacht. Sogar die Amerikaner hielten die Soldaten der Brigade „Westfalen" für *„fanatisierte Hitlerjungen"*.[173]

Die Waffen-SS war während des Krieges besonders gut ausgerüstet und ausgebildet, doch dieser SS-Verband hatte nicht einmal eine Feldküche.[174] Auch fehlte es an Sanitätswagen und Tragen sowie an Fahrzeugen aller Art.[175]

---

[169] Hüser, Karl: Amt Kirchborchen, S. 109. Vgl. auch: Die Chronik der schweren Panzerabteilung 507 (Tiger) berichtet von 15 Tiger-II-Panzern, die alle an die 3. Kompanie abgegeben wurden, so dass diese Einheit über eben diese 15 Königstiger und etwa 50 weitere Tiger, Panther und andere Kampfwagen verfügte.

[170] Dass die Stadt Paderborn zur Festung erklärt wurde, ist nicht sicher zu belegen. Dennoch taucht dieser Begriff in der Literatur immer wieder auf. Rainer Pöppinghege zitiert in seinem Buch „Leben an der Pader" (S. 76) Frau Hannelore Ritter: „In Paderborn gab es nun jede Menge Luftangriffe. Der SA-Führer hatte nämlich verkündet, dass Paderborn bis zum letzten Mann verteidigt würde." Die Amerikaner erwarteten sehr starken Widerstand aus der Senne und aus Paderborn selbst.

[171] Mues: Kessel, S. 135.

[172] Hüser, Karl: Amt Kirchborchen, S. 109.

[173] Ebd., S. 109.

[174] Mues: Kessel, S. 146.

[175] Ebd., S. 147.

Dieser schlecht ausgerüstete und ausgebildete Verband von jungen Soldaten – teilweise waren sie erst seit vier Wochen in der Armee – zog also von Staumühle Richtung Süden, um die Position des Feindes festzustellen und ihn aufzuhalten. Die Ausbildung der Kindersoldaten wurde noch auf dem Marsch fortgesetzt.

Die Amerikaner erreichten Paderborn an diesem Tag nicht mehr. Im Raum Brilon, etwa 20 Kilometer vor Paderborn, wurde der Angriff abgebrochen, da die Nacht hereinbrach und andere Schwierigkeiten auftauchten. Die Panzer wurden aufgetankt und aufmunitioniert. Erst am nächsten Morgen sollte Paderborn dann endlich erreicht werden.

Karfreitag, der 30. März

Am nächsten Morgen dann stießen die vier US-Task-Forces weiter vor. Die Brigade „Westfalen" verlegte den Schwerpunkt ihrer Kräfte in den Süden Paderborns. An diesem Tag wurde Generalleutnant Flörke direkt der Heeresgruppe B unterstellt. Generalfeldmarschall Model übertrug ihm auch das Kommando über die Brigade „Westfalen". Sein Auftrag lautete, so schnell wie möglich aus dem Raum Marsberg Richtung Edertalsperre anzugreifen und in die Flanke der nach Norden marschierenden Amerikaner zu stoßen. Gemeinsam mit Teilen der Heeresgruppe B sollte so eine Einschließung verhindert werden.[176] Spätestens am Samstag, dem 31. März, sollte mit diesem Angriff begonnen werden.

Die Waffen-SS-Soldaten, die in Richtung Marsberg aufklären sollten, stießen im Raum Atteln auf den amerikanischen Panzerkeil, der nach Paderborn drängte. Bei diesem Feindkontakt wurde der deutsche Verband bis nach Borchen zurückgeworfen. Dabei wurde das Regiment Meyer so stark versprengt, dass es fast zwei Tage brauchte, um sich wieder zu sammeln. Die amerikanischen Panzer rückten weiter vor, denn am 30. März wollten sie das Ziel erreichen, das sie sich schon für den Vortag gesetzt hatten.

Die Kolonne Holzer der Waffen-SS, die 1. Abteilung mit Ausbildungspanzern und Panzer VI „Tiger" sowie die schwere Panzerabteilung 507 hatten an diesem Tag im Raum Dörenhagen ersten Feindkontakt mit feindlichen Panzerkräften. Die deutschen Panzer behaupteten nach langem Kampf das Schlachtfeld. Dies war die letzte gewonnene Panzerschlacht der Deutschen im Westen. Der amerikanische Vorstoß in Richtung Paderborn war erst einmal

---

[176] Becker, Waldemar: Angriff aus Forst Hardehausen sollte Heeresgruppe B befreien, in: die Warte, 45. Jg., Nr. 41, Paderborn, 1984, S. 37.

gestoppt.[177] Die anderen Teile der SS-Brigade „Westfalen" standen in der Verteidigung zwischen Dörenhagen und Scherfede.[178]

An einen deutschen Angriff war nach den schweren Kämpfen nicht mehr zu denken. Die Panzer mussten zum Teil überholt und repariert, auf jeden Fall aber aufgetankt und aufmunitioniert werden.

Dennoch bereitete Flörke den Angriff in Richtung Edertalsperre weiter vor. Aus einem Lager bei Neuenheerse erhielt er Treibstoff für die Panzer. Dann traf er sich mit dem Kommandeur der Brigade „Westfalen", Obersturmbannführer Stern, der nur auf die starken Verluste des Tages hinweisen konnte. Stern hielt einen Angriff für ausgeschlossen und glaubte auch nicht, dass südlich von Paderborn nur US-Panzerspitzen ständen. Seiner Meinung nach handelte es sich um eine ganze Division. So sah er denn auch kaum Erfolgsaussichten. Dennoch legte Generalleutnant Flörke den 1. April als neuen Angriffstermin fest.

Der Kommandeur der 3. US-Panzerdivision war Generalmajor Rose. Er führte seine Einheiten immer von seinem Jeep aus.[179] Deshalb fuhr er zwischen den einzelnen Truppenteilen hin und her. An diesem Abend wollte sich der General die Kampfgruppe Richardson ansehen. Die amerikanischen Verbände standen jetzt vor Wewer und Borchen. Rose, der aus New York stammte und Sohn eines Rabbiners war, fuhr Richtung Schloß Hamborn, um sich dort ein Bild von der Lage nach der Panzerschlacht zu machen. Seine Gruppe fuhr auf der Straße zwischen Dörenhagen und Borchen in Richtung Borchen und bog dann nach Schloß Hamborn ab. Aber anstatt auf dieser Straße weiterzufahren und auf die eigenen Truppen zu stoßen, bog die Gruppe in die falsche Richtung ab und fuhr zurück auf die Straße nach Borchen. Dort traf Rose mit seiner Begleitung dann auf mehrere deutsche Panzer. Ein Teil der Gruppe entkam in der Abenddämmerung; der Jeep mit dem General aber wurde gestoppt, und die Gruppe musste sich ergeben. Ein deutscher Panzerkommandant tötete jedoch den amerikanischen General mit einer Maschinenpistole. Über den Tod Roses wurde viel geschrieben und spekuliert.[180] Im After Action Report für den Monat März des Hauptquartiers des Combat Command „B" wird über die Umstände des Todes von Generalmajor Rose Folgendes geschrieben:

---

[177] Mues: Kessel, S. 135.
[178] Ebd., S. 127.
[179] Spearhead, S. 3.
[180] Hüser, Karl: Amt Kirchborchen, S. 111; Mues: Kessel, S. 128f.

"Captured by the tankers, Gen. ROSE walked towards the enemy tank commander – as he reached to unfasten his shoulder holster – the German tanker mistaking this gesture, shot and killed the General."[181]

Dieser Bericht sagt eindeutig, dass der deutsche Panzerkommandant die Bewegung des Generals missverstanden und ihn daher erschossen hat. Das ist auch das offizielle Ergebnis der Untersuchung, die noch während des Krieges erfolgte. Selbst die Amerikaner schließen Vorsatz bei diesem tragischen Unglück aus. General Rose wurde auch nicht erschossen, weil er Jude war, wie die Nazis wenig später behaupteten.[182]

Karsamstag, der 31. März

Am 31. März bekam die 3. US-Panzerdivison einen neuen Kommandeur. Die Gebietsgewinne der Division an diesem Tag waren minimal. Die SS-Brigade erhielt einige Hitlerjungen ohne Waffen als Ersatz.[183] Generalfeldmarschall Model, der Kommandeur der nun fast eingeschlossenen Heeresgruppe B, hatte die Umschließung natürlich bemerkt. Er beabsichtigte, die 3. US-Panzerdivision anzugreifen. Doch bis zum Samstagmittag waren die Vorbereitungen für einen solchen Angriff nicht allzu weit vorangekommen.

Die amerikanische Führung war dennoch besorgt, da sie aus Gefangenenberichten erfahren hatte, dass die Deutschen den südlichen Zangenarm von zwei Seiten angreifen wollten.[184] Die Gruppe Bayerlein hatte einen Angriff mit Stoßrichtung Limburg aufgegeben und wollte nun aus dem Raum Winterberg in Richtung Westufer Edertalsperre angreifen. Dadurch hätten die vorgepreschten amerikanischen Panzer die Verbindung zum Rest ihrer Division verloren. Der Angriff auf Paderborn hätte dann weiter verschoben werden müssen. Doch zu solch einem Angriff Generalleutnant Bayerleins kam es nicht, weil er nicht mehr über ausreichende Kräfte verfügte. Generalfeldmarschall Kesselring schrieb dazu:

„Nun war aber höchste Eile geboten; der Vorstoß aus dem Raum Winterberg nach Osten mußte dabei durch Kräfte der inzwischen improvisierten 11. Armee aus dem Raum westlich Kassel unterstützt werden."[185]

---

[181] After Action Report des Combat Command „B", März 1945, Anhang 1, S. 9.
[182] Willi Mues zitiert in seinem Buch „Der Große Kessel" (S. 130) die „Westfälische Landeszeitung" vom 9. April 1945: *„Als dieser Judengeneral sich in Paderborn zeigte, wurde er von einer Gruppe deutscher Zivilisten gestellt und aufgefordert, die Hände hochzuheben. Der Jude folgte der Aufforderung. Er wurde dann von einem der Männer mit fünf Schüssen niedergestreckt."*
[183] Mues: Kessel, S. 140.
[184] Vgl. Toland, John: Das Finale – Die letzten hundert Tage, München, 1968.
[185] Kesselring: Soldat, S. 369.

Aber selbst diese Erkenntnis des kommandierenden Offiziers aller im Westen eingesetzten deutschen Truppen konnte das Blatt nicht mehr wenden.

Am Nachmittag des 31. März fuhr Generalleutnant Flörke wieder zu Obersturmbannführer Stern nach Dahl, um den Angriff weiter vorzubereiten. Auch dieser Angriff hatte zum Ziel, die amerikanischen Panzer vom Rest der Division zu trennen und dann zu vernichten. Die Brigade sollte aus dem Forst Hardehausen heraus Richtung Marsberg angreifen und die Straßen nach Paderborn und Scherfede sperren. Ein Angriff aus dem Forst heraus bei Nacht hatte den Vorteil, dass man ungestört durch Luftaufklärung die Kräfte sammeln konnte. Zudem war das Überraschungsmoment größer bei Nacht, da die Alliierten die absolute Luftüberlegenheit hatten. Doch die einzelnen Kommandeure der Brigade erklärten, dass ihre Panzer noch nicht wieder einsatzbereit waren, für die erlittenen Verluste kein Ersatz vorhanden war und es an Waffen und Munition mangelte. Aus diesen Gründen wurde der Angriff auf den 2. April verschoben. Während der Besprechung tauchte General Petsch aus Kassel auf und verlangte, dass unverzüglich aus dem Raum Scherfede heraus anzugreifen sei. Doch nachdem man auch ihm die Schwierigkeiten geschildert hatte, wurde von diesem Angriff abgesehen. In dem Moment griffen die Amerikaner bei Dörenhagen/Eggeringhausen an. Der Befreiungsangriff wurde deshalb auf unbestimmte Zeit verschoben, da man wieder auf die schwere Panzerabteilung 507 zurückgreifen musste, um den Angriff abzuwehren. Die Brigade konnte also nicht einmal damit beginnen, ausreichende Kräfte für einen Entlastungsangriff zu sammeln.

In Wewer dauerten die Kämpfe bis zum Vormittag. Es gab heftige Straßenkämpfe, bei denen etwa 40 deutsche und vier amerikanische Soldaten starben. Die deutschen Verteidiger waren mit 2-cm-Flak-Geschützen und Panzerfäusten ausgerüstet und schossen drei Sherman-Panzer ab. Die Task-Force Hogan eroberte an diesem Tag den Ort Salzkotten. Dadurch wurde die südwestliche Flanke von Paderborn weiter gefährdet. Im Süden von Paderborn standen die amerikanischen Verbände bereits im Haxtergrund.

Massaker von Paderborn?

Immer wieder tauchen Zahlen und Gerüchte auf,[186] nach denen amerikanische Truppen bei Schloß Hamborn deutsche Kriegsgefangene ermordet haben sollen. Bei diesem „Massaker von Paderborn" sollen Soldaten der SS-

---

[186] Friedrich Gerhard Hohmann (im Jahr 1980), Jost W. Schneider (im Jahr 1984) und andere berichten immer wieder von einem Massaker bei Paderborn. Waldemar Becker stellte bereits 1994 diese Zahl als übertrieben dar. Da es in dieser Diskussion zu keinen neuen Erkenntnissen kam und die „Legende" weiterlebte, stellte der Heimatverein Paderborn 1995 einen Gedenkstein auf, der an dieses Massaker erinnern soll.

Panzerbrigade „Westfalen" von amerikanischen Soldaten der 3. US-Panzerdivision erschossen und erschlagen worden sein. Die Tat soll sich Ende März oder Anfang April südlich von Paderborn ereignet haben. Friedrich Gerhard Hohmann beziffert die Zahl der Ermordeten auf 80 bis 110.[187] Jost W. Schneider spricht von *„mehr als 120 Soldaten der Waffen-SS-Einheiten, die sich den Amerikanern ergaben* [und] *erbarmungslos niedergemacht"* wurden.[188]

Auf Anfrage erklärten die Veteranen der 3. US-Panzerdivision, dass sie selbst von einer Erschießung auch nur eines einzigen deutschen Gefangenen bei Paderborn nichts wüssten. Die Vorstellung von einem „Massaker" hielten sie für völlig absurd. Der Heimatverein Paderborn e. V. hingegen nennt sogar die exakte Zahl der Opfer des „Massakers von Paderborn": *„98 deutsche Kriegsgefangene"*.[189] Dagegen hält der Driburger Historiker Waldemar Becker diese Zahlen für übertrieben.[190]

Es lässt sich aufgrund der sich überstürzenden Ereignisse am Ende des Krieges und aufgrund der sehr schnell aufgestellten und ins Gefecht geschickten bunt zusammengewürfelten deutschen Truppe nur äußerst schlecht ein Bild von den letzten Kämpfen machen. Da also keine Beweise vorliegen, sondern lediglich Indizien, ist es nur sehr schwer möglich, sich ein Bild vom „Massaker von Paderborn" zu machen.

Verschiedene Indizien und Aspekte, die für eine Beurteilung der Vorkommnisse relevant sind, sollen im Folgenden beschrieben und bewertet werden.

Augenzeugenberichte

Will man den Wahrheitsgehalt der Berichte über das „Massaker von Paderborn" überprüfen, ist es naheliegend, Zeitzeugen zu befragen und Schilderungen von Augenzeugen zu untersuchen.

Michael Weber hat für sein Buch „Erinnerungen an den Krieg – Aus Etteln an der Altenau bei Paderborn"[191] zahlreiche Augenzeugen befragt, und diese berichteten Folgendes: „Ein *Zivilist und etwa 30 deutsche Soldaten starben, von denen einige, vermutlich nach ihrer Gefangennahme, durch Kopfschüsse getötet wurden.*"

Auch Jost W. Schneider berichtet von ähnlichen Gräueltaten bei Hamborn:

---

[187] Vgl. Hohmann, Friedrich Gerhard: Das Ende des Zweiten Weltkrieges im Raum Paderborn, in: WZ 130 (1980), S. 372.
[188] Auszug in: Mues: Kessel, S. 572.
[189] Text der Gedenksteine am Stern im Haxtergrund bei Paderborn: *„Wanderer gedenke der hier am 31.3. und 1.4.1945 von ihren Kriegsgegnern getöteten 98 deutschen Kriegsgefangenen."*
[190] Becker: Kriegsende, S. 19.
[191] Weber: Erinnerungen, S. 6.

Dort sollen 120 deutsche Soldaten zunächst erschlagen und erschossen und anschließend von den Amerikanern liegen gelassen worden sein.[192] Erst einige Tage nach dem „Massaker" durften deutsche Zivilisten die ermordeten deutschen Soldaten begraben. Diese Zivilisten haben sich nie zu Wort gemeldet. Diese wichtigen Zeugen und ihre Aussagen wären jedoch von unschätzbarem Wert für die Untersuchung des Vorfalls.

Ein anderes interessantes Detail findet sich in den Umbettungsprotokollen des Volksbundes Deutsche Kriegsgräberfürsorge e. V. In diesen Unterlagen tauchen viele SS-Soldaten auf, die keine SS-Uniformen trugen, sondern Wehrmachtsuniformen. Für Augenzeugen und Chronisten war dies ein Problem, denn sie konnten nicht erkennen, dass es sich bei den vermeintlichen Wehrmachtssoldaten um einen Verband der Waffen-SS handelte. Dieses Detail passt auch sehr gut in die Beschreibung der Waffen-SS-Brigade „Westfalen".

Wilhelm Tieke beschreibt in seinem Aufsatz über „Aufstellung, Einsatz und Untergang der SS-Panzerbrigade ‚Westfalen' März-April 1945" auch die Kämpfe um Kirchborchen. Er zitiert Dr. Wolfgang Huber:

> „Hiermeier durch Kopfschuß ausgefallen. Bringe ihn später mit dem Rest meiner Gruppe zurück zur Kirche, wo er stirbt. Quast Splitter im Kopf. [...] Schröder, Grewel, Peitler und Raffelberg durch Kopfschuß gefallen. [...] Schnellmoser und noch ein Mann durch Scharfschützen gefallen."[193]

Inwieweit diese Angaben einer wissenschaftlichen Überprüfung standhalten, soll in den folgenden Ausführungen untersucht werden.

Das Massaker von Malmedy

Bei der Aufklärung von Verbrechen spielt die Frage eines Motivs eine zentrale Rolle. Handelt es sich bei dem „Massaker von Paderborn" möglicherweise um die Rache für ein deutsches Verbrechen? Um diese Frage zu klären, muss man bis zum Beginn der Ardennenschlacht zurückgehen.

Am zweiten oder dritten Tag dieser Schlacht, am 17. oder 18. Dezember 1944, hatten Teile der Kampfgruppe Peiper, die der 1. SS-Panzerdivision „Leibstandarte Adolf Hitler" angehörten, Teile einer US-Artillerie-Aufklärer-Einheit eingeschlossen.[194] Obwohl die amerikanischen Soldaten sich ergaben, eröffneten die SS-Soldaten das Feuer auf die Wehrlosen mit Maschinengewehren. Über 100 Soldaten wurden bei diesem Kriegsverbrechen getötet

---

[192] Mues: Kessel, S. 572.
[193] Tieke, Wilhelm: Aufstellung, Einsatz und Untergang der SS-Panzerbrigade „Westfalen" März-April 1945, in: Der Freiwillige 5/89, S. 28.

oder schwer verwundet. Die Veteranen der 3. US-Panzerdivision sprechen von 84 Getöteten. Bei diesem Verbrechen verlor die 3. US-Panzerdivision vier Soldaten, die übrigen Opfer gehörten anderen Einheiten an.[195]

Der einsetzende Schnee begrub die Toten unter sich. Erst Mitte Januar wurden die Leichen von einer amerikanischen Pionier-Einheit entdeckt und geborgen. Veteranen der 3. US-Panzerdivision haben den Einsatz ihrer Einheit in dem Buch „Spearhead in the West" festgehalten.[196] Die Gegenoffensive der Deutschen im Winter 1944/1945 beschreiben sie so: "*It was suddenly all or nothing – take no prisoners – kill or be killed.*"[197] Hätten die Deutschen Gefangene gemacht, hätten sie diese bewachen und verpflegen müssen. Doch das hätte die kämpfende Truppe geschwächt. Deshalb sollte die Zahl der Gefangenen wohl so niedrig wie möglich gehalten werden.

Die Task-Force Lovelady stand lange in schweren Abwehrkämpfen der 1. SS-Panzerdivision gegenüber. In den Dachauer Prozessen im Sommer 1946 wurden unter anderem die Kriegsverbrechen während der Schlacht in den Ardennen verhandelt. Die 1. SS-Panzerdivision, speziell die Kampfgruppe Peiper, wurde der Ermordung von etwa 350 amerikanischen Kriegsgefangenen und von etwa 100 belgischen Zivilisten für schuldig befunden.

Das gesamte Ausmaß der deutschen Kriegsverbrechen war den Männern, die um Paderborn kämpften, wahrscheinlich nicht bekannt. Doch die 3. US-Panzerdivision hatte bei dem Massaker von Malmedy selbst Soldaten verloren. Zumindest von dieser Gräueltat haben die amerikanischen Soldaten wohl gewusst. Nur vier Monate später trafen sie bei Paderborn wieder auf einen Verband der Waffen-SS. Wahrscheinlich waren die Soldaten noch immer voller Hass wegen der Grausamkeiten, die sie in den Ardennen erlebt hatten.[198] Für die Amerikaner waren die Verbrechen in den Wäldern und Dörfern Belgiens eindeutig ein Anzeichen dafür, „*that the rule book had been destroyed along with every human instinct and, as never before, it disclosed the Nazi theory in a white light of truth*".[199] Vor diesem Hintergrund könnte es zu Übergriffen auf Kriegsgefangene durch amerikanische Soldaten gekommen sein. Ein Motiv könnte es demnach gegeben haben.

---

[194] Reynolds, Michael: Massacre at Malmédy during the Battle of the Bulge, http://www.historynet.com/magazines/world_war_2/3030591.html?page=1&c=y – zuletzt besucht am 20.07.2007 um 10.20 Uhr.
[195] „Ardennes the ordeal", http://home.earthlink.net/~crcorbin/Ardennes.html – zuletzt besucht am 30.06.2007 um 16.30 Uhr.
[196] Spearhead.
[197] Ebd., S. 107.
[198] Die Soldaten der Task-Force Lovelady entdeckten in Petit Coo die Leichen von ermordeten Frauen, Kindern und Alten, in: Spearhead, S. 219.
[199] Ebd., S. 108.

Anlass für das „Massaker von Paderborn" könnte der tragische Tod des amerikanischen Generals Rose gewesen sein.[200] Die amerikanischen Soldaten könnten für ihren Befehlshaber Rache geübt haben. Die Kämpfe vor Paderborn waren härter als erwartet, und die Verluste auf Seiten der Amerikaner waren so hoch wie schon lange nicht mehr. Die verlorene Panzerschlacht bei Hamborn, bei der etwa 20 Panzer und 20 Schützenpanzer von den Deutschen abgeschossen wurden,[201] dürfte sich auch negativ auf die Moral der US-Soldaten ausgewirkt haben.

Das „vagabundierende Strafbataillon"

Wer könnte ein solches Massaker verübt haben? Eine Version der Überlieferung spricht von einem vagabundierenden Strafbataillon, dessen „Blutspur" bis an die Strände der Normandie zurückverfolgt werden kann. Aber wurde ein solches Bataillon überhaupt im Raum Paderborn eingesetzt?

In dieser Gegend wurden zwei Divisionen eingesetzt: die 3. US-Panzerdivision und die 104. US-Infanteriedivison. Die Veteranen der 3. US-Panzerdivision haben in ihrem Buch zur Divisionsgeschichte „Spearhead in the West – The Third Armored Division 1941-45"[202] genau die Zusammensetzung und Gliederung ihrer Truppe dargestellt.

Zusätzlich bieten die „After Action Reports" der 3. US-Division eine genaue Aufstellung aller Stamm- und der zeitweise angegliederten Truppenteile. Auf dieser Grundlage ist es daher möglich, die Existenz einer solchen Einheit im Raum Paderborn auszuschließen.

Diese Legende würde sich nicht so hartnäckig halten, wenn sie nicht auch einen kleinen Funken Wahrheit enthalten würde: Die 3. US-Panzerdivision war tatsächlich an den Kämpfen in der Normandie beteiligt, und ihre Spur lässt sich durch Europa verfolgen. Doch diese Division war weder eine Strafdivision, noch waren ihr Verbände angeschlossen, die aus straffälligen Soldaten bestanden.

Der Soldatenfriedhof Böddeken

Die Geschichten, die sich um das „Massaker von Paderborn" ranken, machen konkrete Angaben zu der Zahl der Opfer. Dabei werden keine Angaben zu den Quellen gemacht. Will man sich der Zahl nähern, ist es notwendig, das Schicksal der auf dem Soldatenfriedhof in Böddeken begrabenen Soldaten zu untersuchen. Die deutschen Soldaten, die während der Kämpfe um Paderborn

---

[200] Siehe: Karfreitag, der 30. März.
[201] Becker: Kriegsende, S. 19.
[202] Spearhead.

getötet wurden, fanden in der Regel in Böddeken auf dem Soldatenfriedhof ihre letzte Ruhe.

Da es nach den Kämpfen bei Schloß Hamborn zu den Erschießungen gekommen sein soll, ist nur die Zahl der Gefallenen von Bedeutung, die zwischen dem 30. März und dem 1. April 1945 getötet wurden. Während dieses Zeitraumes wurden 147 deutsche Soldaten getötet. Die Zahl 147 ist daher als absolute Höchstgrenze anzusehen. Da einige dieser Soldaten in den Kämpfen ihr Leben verloren haben, muss die Zahl der nach den Kämpfen gewaltsam umgekommenen Soldaten niedriger sein.

Im Jahr 1952 begann der Volksbund Deutsche Kriegsgräberfürsorge e. V. mit der Umbettung von deutschen Soldaten auf den Soldatenfriedhof in Böddeken. Für alle Skelette, die nicht eindeutig zu identifizieren waren, wurden Skelettbilder und Zahnschemata angefertigt. Zusätzlich wurden diese Bilder und Schemata angefertigt, wenn Besonderheiten festgestellt wurden.

Für die 147 Soldaten, die zwischen dem 30. März und dem 1. April 1945 südlich von Paderborn starben, gibt es 33 Umbettungsprotokolle mit den beschriebenen Zusätzen. Auf 15 Skelettbildern sind Einschusslöcher in den Schädeln und zerschlagene Schädelknochen zu erkennen. Sie könnten durch amerikanische Soldaten nach den Kämpfen ermordet worden sein. Es könnte aber auch andere Ursachen für diese Art von Verletzungen geben. Die Angabe einer Zahl von Ermordeten ist daher nicht möglich.

Sowohl Jost W. Schneider als auch Karlheinz Springer berichten von Plünderungen durch Zwangsarbeiter, bei denen die Erkennungsmarken der Ermordeten abhandenkamen.[203] Auf dem Friedhof in Böddeken liegen 13 unbekannte Soldaten, die im Raum Borchen, Etteln und Henglarn gefallen sind. Da der Volksbund bei unbekannten Toten grundsätzlich ein Skelettbild anfertigt, liegen diese auch heute vor. Bei fünf dieser Skelette stellte der Volksbund Deutsche Kriegsgräberfürsorge e. V. schwere Schädelverletzungen fest. Weitere sieben Skelette von Soldaten, die bekannt waren, wiesen ähnliche Verletzungen auf. Ein erst 19 Jahre alter Rekrut der SS-Panzeraufklärungsabteilung wurde vermutlich durch einen „*Kolbenschlag*"[204] ins Gesicht getötet. Diese grausamen Details und die Augenzeugenberichte legen Übergriffe der Amerikaner auf die deutschen Gefangenen nahe, eine Zahl ist jedoch nicht auszumachen.

---

[203] Mues: Kessel, S. 572 und 568.
[204] Diese Vermutung stammt von einem Mitarbeiter des Volksbundes, der an den Umbettungen beteiligt war, und wird an dieser Stelle wörtlich zitiert.

Die „Legende vom Massaker"

„Alle von uns Befragten sagten übereinstimmend aus, daß fast sämtliche Kameraden durch Kopfschüsse gefallen waren. [...] Wir wurden an eine Hecke geführt, hinter der damals achtzehn durch Kopfschüsse getötete Kameraden gefunden wurden."[205]

Karlheinz Springer nennt keine konkrete Zahl, wie viele Deutsche insgesamt im Bereich Etteln und Henglarn ermordet wurden. Die

Truppenteile in Etteln und Henglarn hatten erst am 30. März Feindberührung, und am 1. April waren die Kämpfe bereits beendet. In dieser Zeit sollen in Etteln allein 18 Deutsche durch Kopfschüsse hingerichtet worden sein. Insgesamt sollen in Etteln während der drei Tage 35 Soldaten[206] gestorben sein, von denen 24[207] auf dem Soldatenfriedhof in Böddeken liegen. Wo die übrigen Soldaten beigesetzt wurden, die nicht auf dem Ehrenfriedhof in Böddeken liegen, ist unklar.

Die Opferzahlen dieses Verbrechens stiegen ständig: 1980 waren es noch etwa 80 bis 110,[208] vier Jahre später waren es schon 120 Soldaten.[209] Doch niemand, der diese Zahlen nennt oder

Abbildung 11: Soldatengrab bei Böddeken, 1945/46
Foto: Stadtarchiv Paderborn/Seibel

[205] Springer, Karlheinz: Namenlose Gefallene im Raum Etteln/Henglarn (südlich von Paderborn), in: Mues: Kessel, S. 568.
[206] Roensch, Andrea: Etteln im Dritten Reich, in: Gemeinde Borchen [Hg.]: Borchen – Aus der Geschichte unserer Heimat, Paderborn, 1998, S. 283.
[207] Diese Zahl bezieht sich auf die zwischen dem 31.03.1945 und dem 01.04.1945 gestorbenen Soldaten, die von Etteln nach Böddeken umgebettet wurden.

benutzt, hat einen Hinweis auf deren Ursprung gegeben. In verschiedenen Veröffentlichungen wurden diese Zahlen dann weiterverbreitet, aber immer nur mit einem Hinweis auf einen anderen Autor und nicht auf die Quelle der Zahlen. Es gibt keine Liste mit den Namen der Getöteten.

Auf Grundlage der wenigen Quellen und der ungesicherten Darstellung des „Massakers von Paderborn" ist es nicht möglich, zu einem anderen Ergebnis zu gelangen als dem, dass es unmöglich ist, zu einer auch nur angenäherten Zahl zu kommen.

Ostersonntag, der 1. April

An diesem Ostersonntagmorgen griffen die amerikanischen Truppen Paderborn an. Teile der 3. US-Panzerdivision hatten am Vortag ihre Ausgangsstellungen südlich von Paderborn eingenommen. Zwei Task-Forces, die TF Hogan und Richardson, stießen nach Nordwesten in Richtung Salzkotten vor, um die Flanke zu sichern. Die übrigen drei Kampfgruppen traten um 5.15 Uhr zum Angriff auf Paderborn an. Zuerst wurde der Flugplatz besetzt und hier der letzte Widerstand gebrochen. Hierbei wurden auch die acht Flakvierlinge und die beiden größeren Flugabwehrkanonen erobert.[210] Um sechs Uhr, also bereits eine Dreiviertelstunde nach Beginn der Gefechte, traten deutsche Soldaten zum Gegenangriff an. Eine deutsche Einheit, die der Luftwaffe angehörte und südlich von Elsen Stellung bezogen hatte, berichtet, dass um 6.45 Uhr der Angriff auf Paderborn begann. Diese Meldung wurde um 7.05 Uhr an den Kampfkommandanten von Paderborn per Melder abgeschickt. In der Meldung ist von starkem MG- und Infanteriefeuer aus südlicher Richtung die Rede. Auch Panzer und Panzerspähwagen wurden gesichtet.[211] Der deutsche Widerstand um Paderborn herum brach schnell zusammen. Die deutschen Kräfte waren hoffnungslos unterlegen. Ihnen gegenüber standen die 3. US-Panzerdivision und die 104. US-Infanteriedivision, die starke Luftunterstützung hatten.

Insgesamt waren etwa 20 000 amerikanische Soldaten im Raum Paderborn eingesetzt.[212] Bis Mittag hatten es die Amerikaner jedoch noch nicht geschafft, den Befehlsstand der Deutschen auf der Wilhelmshöhe einzunehmen. Gegen Nachmittag war dann der letzte Widerstand erloschen und die Stadt fest in der Hand der Alliierten. Bernhard Reller beschreibt in seinem Buch „Neues Leben wächst aus den Ruinen" sehr eindrucksvoll diesen 1. April 1945:

---

[208] Hohmann, Friedrich Gerhard: Das Ende des Zweiten Weltkrieges im Raum Paderborn, in: WZ 130 (1980), S. 372.
[209] Mues: Kessel, S. 572.
[210] Ebd., S. 150.
[211] StadtA PB: (S 1/48/1).
[212] Mues: Kessel, S. 151.

70

„Wir beobachteten [...], wie die Panzerwagen von der Höhe des Querweges von Hamborn aus nach Paderborn anrückten. [...] Nachdem die Schießerei verstummte und es ruhiger wurde, verließ ich zunächst allein den Keller [...]. Von der Benhauser Straße her nahten die ersten amerikanischen Soldaten mit geladenen Maschinenpistolen, gefolgt von einem Panzer, und bogen in die Elisabethstraße ein. Die Soldaten musterten mich kurz im Vorbeigehen, gingen wortlos weiter, und der Panzer fuhr in unseren Hausgarten, wo er einige Zeit seinen Standort behalten hat. Ich blickte auf die Uhr und sagte: ½ 12 Uhr. Ostersonntag 1945. Der Amerikaner ist in Paderborn eingerückt. Ein geschichtlicher Augenblick!"[213]

In der Divisionsgeschichte der 3. US-Panzerdivision heißt es: *„Außer Köln hat die Division auch Paderborn erobert und damit die Hintertür des Ruhrgebietes verschlossen."*[214] Die Amerikaner nahmen die Schließung des Kessels und damit auch die Eroberung von Paderborn als außerordentliche Leistung wahr.

Um 17 Uhr schwiegen die Waffen in Paderborn. Gegen 15.30 Uhr hatte die Task-Force Kane in Lippstadt die Soldaten der 2. US-Panzerdivision sowie weitere Teile der 9. US-Armee getroffen und so den Ruhrkessel bereits eineinhalb Stunden vor dem Ende der Gefechte in Paderborn geschlossen.[215]

John Toland beschreibt die Auswirkungen der Kesselschließung so:

„Als die Amerikaner den Ring bei Lippstadt geschlossen hatten und der Widerstand im Ruhrkessel zusammengebrochen war, gab Hitler endlich zu, daß die totale Niederlage nicht nur möglich, sondern sogar wahrscheinlich sei."[216]

Am 1. April befahl Hitler, dass die Heeresgruppe B keine Ausbruchsversuche mehr starten, sondern vielmehr das Ruhrgebiet als Ruhrfestung halten und verteidigen sollte.[217] Die Heeresgruppe hatte sich also ihrem Schicksal zu ergeben.

Aus amerikanischer Sicht waren die Kämpfe um Paderborn eine Ernüchterung. Insgesamt waren die Gefechte in der Stadt selbst einfacher als

---

[213] Vgl. Reller: Ruinen.
[214] *"Besides Cologne the Division swept up Paderborn in its advance, to shut the back door to the Ruhr."* In: http://3ad.com/history/wwll/stats.data.2.htm#anchor1710970 – zuletzt besucht am 01.11.2004 um 13:40 Uhr.
[215] Divisionsgeschichte der 3. US-Panzerdivision „Spearhead": http://3ad.com/history/wwll/rose.section/rose.point.pages/leopold.article.htm – zuletzt besucht am 01.11.2004 um 13:20 Uhr.
[216] Toland: Finale, S. 266.
[217] Kesselring: Soldat, S. 370.

erwartet. Die Besetzung Paderborns war nicht der ruhmreiche Schlusspunkt geworden.[218] Die wenigen eingegrabenen Panzer im Süden der Stadt hatten den Vormarsch verzögert, und die paar Widerstandsnester hatten sich nach kurzer Gegenwehr ergeben. In den After Action Reports steht, dass die Stadt vor Einbruch der Dunkelheit vollständig erobert war.

Im Handbuch für Verwaltung, Wirtschaft und Kultur werden die Auswirkungen der Nazi-Herrschaft für Paderborn so bilanziert:

> *„Das Bild von 1939 ist durch Kriegswirkungen abgewandelt worden. Am stärksten wurden betroffen […] Paderborn, Neuhaus und Altenbeken, weiterhin Lippspringe und Marienloh und sehr infolge Erdkämpfe einige Orte des Oberlandes, vor allem Nordborchen."[219]*

Weiter heißt es dort: *„In Paderborn wurden 98 % der Wohnhäuser beschädigt oder zerstört."[220]* Damit war der Krieg für Paderborn beendet.

Abbildung 12 und 13: (auf den folgenden Seiten) "Deutsche Soldaten und Zivilisten!" Vorder- und Rückseite eines alliierten Flugblattes, 1945 (Repro)
Foto: Stadtarchiv Paderborn

---

[218] Spearhead, S. 246.
[219] Geldern-Crispendorf, Günter von: Der Landkreis Paderborn – Regierungsbezirk Detmold Bd. 1, in: Die Landkreise in Nordrhein-Westfalen Reihe B: Westfalen, Köln, 1953, S. 73.
[220] Ebd., S. 74.

Deutsche Soldaten und Zivilisten !

Amerikanische Panzerverbände rollen gegen Eure Ortschaft. In kurzer Zeit werden sie Euer Städtchen erreicht haben.

Was in dieser kurzen Zeit geschehen wird, hängt von Euch ab.

Von Euch hängt ab,

ob Eure Ortschaft in einen Trümmerhaufen verwandelt wird – wie Aachen, wie Düren, wie Geilenkirchen. Denn wenn Ihr Widerstand leistet, wird Eure Ortschaft vom Erdboden verschwinden.

Von Euch hängt ab,

ob Hunderte Deutsche – Soldaten und Zivilisten – ihr Leben lassen müssen. Denn jeder Schuss, den Ihr abgebt, wird hundertfach erwidert werden.

Von Euch hängt ab,

ob Eure Häuser und Felder verschont bleiben, ob Ihr Euer Leben hinüberretten könnt in eine bessere Zukunft. Denn wenn Ihr den Widerstand sofort einstellt, werden unsere Panzer vorbeirollen, ohne Schaden anzurichten.

Deutscher Soldat !

Du weisst, dass der Krieg verloren ist. Willst Du, dass auch dieses deutsche Städtchen in Rauch aufgeht? – Und wofür?

Deutscher Zivilist !

Rette Dein Leben und das Leben Hunderter deutscher Soldaten! Sprich mit ihnen, beschwöre ihre Offiziere, durch Annahme der umstehenden Bedingungen das Schlimmste abzuwenden – das Schlimmste für Dich, das Schlimmste für sie.

In Euren Händen liegt die Entscheidung !

Die Rettung!

1... Eine bevollmächtigte Abordnung, bestehend aus mindestens einem Zivilisten und einem unbewaffneten Wehrmachtsangehörigen, muss die amerikanischen Panzervorausverbände ausserhalb der Stadtgrenze erwarten. Die Abordnung muss eine weisse Fahne tragen, um die Uebergabeabsicht deutlich zu bekunden. Die Parlamentäre haben darauf zu achten, dass sie sich zu dem Treffpunkt ausserhalb der Stadtgrenze begeben, bevor die ersten amerikanischen Verbände eintreffen.

2... Vor dem Eintreffen der amerikanischen Panzer sind alle Minen innerhalb des Ortes und im Ortsumkreis zu entfernen.

3... Der militärische Befehlshaber muss alle Truppen an einem Ort versammeln und sie geschlossen dem amerikanischen Befehlshaber übergeben. Die Truppen haben vorher alle Waffen niederzulegen.

4... Alle Waffen sind dem amerikanischen Befehlshaber zu übergeben.

Den deutschen Soldaten werden alle Rechte gewährt, die ihnen als Kriegsgefangenen durch die Bestimmungen des Genfer Abkommens zugesichert sind.

DER BEFEHLSHABER
der anrückenden Panzerverbände

C I - 54

Schluss

In der Einleitung habe ich die Frage aufgeworfen, ob es zwischen den Luftangriffen und der Eroberung durch die Amerikaner eine Verbindung gab. Betrachtet man ausschließlich die Geschehnisse in und um Paderborn, so ist es schwer, einen Zusammenhang zu erkennen. Nimmt man jedoch die Berichte der amerikanischen Truppen hinzu, so wird eine Verbindung sichtbar. Die Soldaten der 3. US-Panzerarmee wollten die Stadt Paderborn etwa 50 Stunden nach der Bombardierung erobern. Dieses Ziel konnten sie nicht erreichen aus den bereits erwähnten Gründen, und dennoch bleibt die Absicht einer schnellen Eroberung. Ohne die Berichte der englischen Luftwaffe muss man aufgrund der vorliegenden Quellen von einem Zusammenhang ausgehen.

Zwei weitere Aspekte der Kriegsendphase hingen mit den Kämpfen südlich von Paderborn zusammen. Die kritische Überprüfung der Hintergründe des angeblichen „Massakers von Paderborn" stellt dieses Kriegsverbrechen in den bislang beschriebenen Ausmaßen grundsätzlich in Frage. Eine Opferzahl ist nicht rekonstruierbar. An dieser Stelle ist es im Moment nur sehr schwer möglich, zu weiteren Erkenntnissen zu gelangen.

Nach dem Ende des Zweiten Weltkrieges wurden die Gefallenen exhumiert und auf den Friedhof nach Böddeken umgebettet. Der Volksbund Deutsche Kriegsgräberfürsorge e. V. hat damals Aufzeichnungen erstellt über diese Umbettungsaktion. Diese Materialien sind sehr umfangreich. Für eine Aufklärung der Geschehnisse im Haxtergrund bei Paderborn sind sie jedoch von besonderer Bedeutung. Mit Hilfe der Skelettbilder ist es möglich, auf Todesursachen zu schließen und somit auch, ob die Soldaten während der Kämpf oder erst später getötet wurden.

Die Tötung des amerikanischen Generals Rose durch Paderborner Bürger hat nie stattgefunden. Diese Legende beruht auf einer falschen Zeitungsmeldung. Obwohl die Erkenntnis nicht neu ist, so ist doch die amerikanische Sichtweise auf dieses Ereignis entscheidend. Eine Untersuchungskommission stellte fest, dass es sich um einen tragischen Unglücksfall gehandelt haben muss.

Auch der Abzug des Jagdgeschwaders vom Luftpark Mönkeloh entspricht nicht der Wahrheit. Die Flugzeuge blieben bis zur Eroberung in Paderborn. Der Treibstoff für die Flugzeuge wurde kurz vor der Eroberung des Flughafens weggeschafft. Lediglich das fliegende Personal wurde nach dem Bombenangriff vom 27. März zusammen mit einigen Flugzeugen abgezogen.

Eine interessante Quelle für zukünftige Forschungen wären die Einsatzberichte der RAF und der US Air Force. Mit Hilfe dieses Materials könnte man den Grund und das Ziel der Luftangriffe nicht bloß rekonstruieren, sondern genau benennen. Auch wenn das Kriegsende nun mehr als 60 Jahre zurückliegt, so sind doch noch nicht alle Fragen restlos geklärt.

Verzeichnis der benutzten Literatur und sonstiger Hilfsmittel

Quellen

Stadtarchiv Paderborn: Kriegschronik (A 5461) auf Mikrofilm.

Stadtarchiv Paderborn: Nachlass Esser (Luftschutz Paderborn), (S 1/48/1).

Stadtarchiv Paderborn: Karte des Paderborner Luftschutzes, [Skizze, handschriftlich], ohne Datum.

Stadtarchiv Paderborn: Heereskarte der Deutschen Wehrmacht, Paderborn.

Stadtarchiv Paderborn: Heereskarte der Deutschen Wehrmacht, Borchen.

After Action Reports der 3. US-Panzerdivision und der ihr angegliederten Einheiten, Waldemar Becker [Privatbesitz], Bad Driburg.

Luftbilder Paderborn am 19. März 1940, Waldemar Becker [Privatbesitz], Bad Driburg.

Luftbilder Paderborn am 14. April 1943, Waldemar Becker [Privatbesitz], Bad Driburg.

Luftbilder Paderborn am 19. März 1945, Waldemar Becker [Privatbesitz], Bad Driburg.

Literatur

ADERS, Gebhard: Bombenkrieg – Strategien der Zerstörung 1939-1945, Köln, 2004.

BAUER, Heinz; HOHMANN, Friedrich Gerhard: Die Stadt Paderborn, Paderborn, 1980.

BECKER, Waldemar: Das Kriegsende 1945 im ehemaligen Hochstift Paderborn, in: Heimatkundliche Schriftenreihe 25, Paderborn, 1994.

BECKER, Waldemar: Die Kämpfe zwischen Eggegebirge und Weser im Frühjahr 1945, in: Westfälische Zeitschrift, 135. Bd., Paderborn, 1985.

BECKER, Waldemar: Angriff aus Forst Hardehausen sollte Heeresgruppe B befreien, in: die Warte, 45. Jg., Nr. 41, Paderborn, 1984.

BIEKER, Hermann: Die brennende Stadt – Meine Erinnerungen an die Zerstörung Paderborns 1945, Paderborn, 1948.

BOOKMAN, John T.; POWERS, Stephan T.: The March to Victory – A Guide to World War II Battles and Battlefields from London to the Rhine, Niwot, 1994.

CHRISTIANS, Hermann [Red.]: 75 Jahre Ausbesserungswerk Paderborn – 130 Jahre Werkgeschichte in der Paderstadt, Paderborn, 1988.

CLAUS, Rainard: Die Luftangriffe auf Paderborn 1939-45, Paderborn, 1980.

CLAUS, Rainard: Die Paderborner Wohnverhältnisse im Wandel der Zeiten (1850-1979), Paderborn, ohne Datum.

COX, Sebastian [Hg.]: The Strategic Air War against Germany 1939-1945, London, 1998.

CZAPSKI, Werner; HOHMANN, Friedrich Gerhard; WICHERT, Hans Walter: Die Anfänge der Eisenbahn im Hochstift Paderborn, in: Heimatkundliche Schriftenreihe 18, Paderborn, 1987.

DOBSON, Alan P.: US Wartime Aid to Britain 1940-1946, Beckenham, 1986.

DUSTERLOH, Diethelm [Hg.]: Paderborn – vom Wachsen und Werden unserer Stadt, Paderborn, 1991.

FRIEDRICH, Jörg: Der Brand – Deutschland im Bombenkrieg 1940-1945, München, 2002.

GARRETT, Stephan A.: Ethics and Airpower in World War II – The British Bombing of German Cities, London, 1993.

GELDERN-CRISPENDORF, Günter von: Der Landkreis Paderborn – Regierungsbezirk Detmold Bd. 1, in: Die Landkreise in Nordrhein-Westfalen Reihe B: Westfalen, Köln, 1953.

GEMEINDE BORCHEN [Hg.]: Borchen – Aus der Geschichte unserer Heimat, Paderborn, 1998.

GOLÜCKE, Friedhelm: Der Zusammenbruch Deutschlands eine Transportfrage? Der Altenbekener Eisenbahnviadukt im Bombenkrieg 1944/45, Schernfeld, 1993.

GOLÜCKE, Friedhelm: Schweinfurt und der strategische Luftkrieg 1943, Paderborn, 1980.

GROEHLER, Olaf: Bombenkrieg gegen Deutschland, Berlin, 1990.

GUNSTON, Bill: Die Flugzeuge des 2. Weltkriegs – Risszeichnungen, Trendelburg, 1999.

HASTINGS, Max: Bomber Command, London, 1979.

HOGG, Ian: Artillerie des 20. Jahrhunderts, Bindlach, 2001.

HOHMANN, Friedrich Gerhard: Deutsche Patrioten in Widerstand und Verfolgung 1933-1945, Paderborn, 1986.

HOHMANN, Friedrich Gerhard: Das Ende des Zweiten Weltkrieges im Raum Paderborn, in: Westfälische Zeitschrift, 130. Bd., Paderborn, 1980.

HOHMANN, Klaus [Hg.]: Stadt im Aufbruch – Der lange Weg Paderborns zur modernen Stadt, Paderborn, 1998.

HÜSER, Karl; STAMBOLIS, Barbara: Unter dem Hakenkreuz – Im Gleichschritt, marsch! – Paderborn – Geschichte in Bildern, Dokumenten und Zeugnissen (Heft 3), Paderborn, 1989.

HÜSER, Karl: Das 19. und 20. Jahrhundert – Traditionsbindung und Modernisierung (Band 3), in: Paderborn – Geschichte der Stadt in ihrer Region, Paderborn, 1999.

HÜSER, Karl; OTTO, Reinhard: Das Stammlager 326 (VI K) Senne 1941-1945, Bielefeld, 1992.

HÜSER, Karl: Zwischen Kreuz und Hakenkreuz – Das Amt Kirchborchen und seine Gemeinden im „Dritten Reich" 1933-1945, Greifswald, 1997.

HÜSER, Karl [Hg.]: Das 19. und 20. Jahrhundert, in: Göttmann, Frank, u. a. [Hg.]: Paderborn – Geschichte der Stadt in ihrer Region, Paderborn, 1999.

KAMPMANN-MERTIN, Ute: Paderborner Bibliografie 1578 bis 1945 – Das Schrifttum über die Stadt Paderborn, Paderborn, 1992.

KESSELRING, Albert: Soldat bis zum letzten Tag, Bonn, 1953.

KIEPKE, Rudolf: Paderborn. Werden – Untergang – Wiedererstehen, Paderborn, 1949.

KIEPKE, Rudolf: Paderborn – Schicksalschronik einer Stadt, Paderborn, 1951.

KIEVELITZ, Josef: Zwischen Kaiserreich und Wirtschaftswunder – Mein Leben in Paderborn, Paderborn, 1990.

KLUETING, Harm: Geschichte Westfalens – Das Land zwischen Rhein und Weser vom 8. bis zum 20. Jahrhundert, Paderborn, 1998.

KRAN, Karl: Der Landkreis Paderborn, Paderborn, 1983.

KRAUSE, Michael: Flucht vor dem Bombenkrieg, Düsseldorf, 1997.

KÜHNE, Hans Jörg: Der Tag, an dem Paderborn unterging – 27. März 1945, Gudensberg-Gleichen, 2005.

LEESCH, Wolfgang; SCHUBERT, Paul; SEGIN, Wilhelm: Heimatchronik des Kreises Paderborn, Köln, 1970.

LIDDELL HART, B. H.: Deutsche Generale des 2. Weltkriegs, Düsseldorf, 1964.

LOCKER, Marc, u. a. [Hg.]: Als die Bomben fielen ... – Beiträge zum Luftkrieg in Paderborn 1939-1945, Paderborn, 1998.

MACDONALD, Charles Brown: The Battle of the Bulge, London, 1984.

MACDONALD, Charles Brown: The Last Offensive – The European Theater of Operations, Washington, D. C., 1973.

MAUEL, Kurt: Otto Plassmann 1861-1932, in: Westfälische Zeitschrift, 128. Bd., Paderborn, 1978.

MEHNER, Kurt [Hg.]: Die Geheimen Tagesberichte der Deutschen Wehrmachtsführung im Zweiten Weltkrieg 1939-1945, Osnabrück, 1984.

MEYER, Heinz: Luftangriffe zwischen Nordsee, Harz und Heide – Eine Dokumentation der Bomben- und Tieffliegerangriffe in Wort und Bild 1939-1945, Hameln, 1983.

MUES, Willi: Der Große Kessel – Eine Dokumentation über das Ende des Zweiten Weltkrieges zwischen Lippe und Ruhr / Sieg und Lenne, Lippstadt,1984.

MULLER, Helmut: fünf vor null – Die Besetzung des Münsterlandes 1945, [Münster], [1971].

NIEHAUS, Werner: Endkampf zwischen Rhein und Weser – Nordwestdeutschland 1945, Stuttgart, 1983.

OVERY, Richard James: The Air War 1939-1945, London, 1980.

PIEPER, Volker; SIEDENHANS, Michael: Die Vergessenen von Stukenbrock, Bielefeld, 1988.

PIESCZEK, Uwe [Hg.]: Truppenübungsplatz Senne, Paderborn, 1992[2].

PÖPPINGHEGE, Rainer: Leben an der Pader – Alltag in Paderborn 1914-1960, Münster, 2000.

RELLER, Bernhard: Neues Leben wächst aus den Ruinen, Paderborn, 1986.

RINTELEN, Friedrich Maria: Erinnerungen ohne Tagebuch, Paderborn, 1993.

STÄDTISCHE GALERIE AM ABDINGHOF PADERBORN: Paderborn 1945 – Leben im Nationalsozialismus und im Krieg [Ausstellungskatalog], Paderborn, 1995[2].

SCHÄFERS, Bernd; RISSE, Mathias: Kirchborchen in der Zeit des Nationalsozialismus und in der Nachkriegszeit 1933-1945, Paderborn, 1986.

SCHMUDE, Henner: Reichswehr und Wehrmacht im Paderborner Land 1920-1945, in: Heimatkundliche Schriftreihe 32, Paderborn, 2001.

SCHNEIDER, Helmut [Hg.]: Chronik 507 – Die Geschichte der s.Pz.Abt. 507 (Tiger) 1943-1945, ohne Ort, 1992.

SCHRADER, Margarete: Paderborn – Zwischen Pfauenauge und Hochsiegel, Paderborn, 1972.

SCHWARZE, Gisela: Westfalen, Nürnberg, 1968.

STAMBOLIS, Barbara; HÜSER, Karl: Nachkriegszeit – Aufbaujahre 1945-1955 – Paderborn – Geschichte in Bildern, Dokumenten und Zeugnissen (Heft 4), Paderborn, 1989.

STAMBOLIS, Barbara: Paderborn 1945-1955 Zerstörung und Aufbau, Paderborn, 1988.

TACK, Wilhelm: Paderborn – Die alte Stadt, Paderborn, 1969.

THIRD ARMORED DIVISION: Spearhead in the West: 1941-1945, Frankfurt a. M., 1945.

TIEKE, Wilhelm: Aufstellung, Einsatz und Untergang der SS-Panzerbrigade „Westfalen" März-April 1945, in: Der Freiwillige 4/89.

TOLAND, John: Das Finale – Die letzten hundert Tage, München, 1968.

VOGT, Ulrich: Die Kinder vom Ikenberg – Paderborn im Zweiten Weltkrieg, Paderborn, 2003.

WEBER, Michael: Erinnerungen an den Krieg – Aus Etteln an der Altenau bei Paderborn, Paderborn, 2005.

WEBSTER, Sir Charles; FRANKLAND, Noble: The Strategic Air Offensive against Germany 1939-1945, in: History of the Second World War – United Kingdom Military Series, Sir James Butler [Ed.], London, 1961.

Internetseiten

Tagebuch der RAF im Internet: http.//www.raf.mod.uk/bombercommand/mar45.html – zuletzt besucht am 05.03.2005 um 13.50 Uhr.

Reynolds, Michael: Massacre at Malmedy during the Battle of the Bulge: http://www.historynet.com/magazines/world_war_2/3030591.html? page=1&c=y – zuletzt besucht am 21.08.2008 um 16.10 Uhr.